La mente también juega

Andrés Iniesta

La mente también juega

ESPASA

Edición a cargo de Marcos López

Espasa es un sello editorial de Editorial Planeta, S. A.
Avda. Diagonal, 662-664, 08034 Barcelona
www.espasa.com
www.planetadelibros.com

Primera edición: abril de 2025

Depósito legal: B. 8.039-2025
ISBN: 978-84-670-7819-0
Preimpresión: MT Color & Diseño, S. L.
Impresión y encuadernación: Rotoprint
Printed in Spain - Impreso en España

A todas esas personas que independientemente de su momento actual, de la situación por la que estén pasando, jamás se rinden y trabajan por su propósito, por ser mejores, por darle siempre un sentido a la vida. Gracias por inspirarnos a los demás con vuestro ejemplo.

Índice

Prólogo

En los años noventa, ¿qué posibilidades había de que un niño de Fuentealbilla, un pequeño pueblo de Albacete de apenas dos mil habitantes, pudiera dedicarse al fútbol? ¿Cuántas? ¿Existía alguna de ser profesional? ¿Y alguien se había planteado la opción, una opción real, de que llegase a jugar en Primera División? ¿Era un 0,1 %? ¿O tal vez un 0,01 %? ¿Y de que ese mismo niño pudiera ser algún día jugador del Barça? ¿Y de la Selección española? Tal vez un 0,0001 %. O menos, incluso, ¿verdad? No quiero ni pensar en lo que sucedió después porque era imposible de imaginar. Ni siquiera se puede soñar. Esos sueños no existen. Yo, al menos, creía que era imposible. Una utopía, vamos. Por eso quiero que me acompañes a lo largo de este libro. Es mi historia. Ni mejor ni peor que la de cualquier persona. Simplemente es la mía, y me encantaría compartirla contigo.

Quiero que te sientes a mi lado y experimentes conmigo lo que hay detrás de un campo de fútbol. Quiero contarte lo que he vivido durante tantos y tantos años en los que he tenido la pelota entre mis pies. Ahora ya no está, pero jamás me alejaré de ella. Es mi vida, mi pasión, lo que me ha movido desde que estaba en mi pueblo. Quiero que sepas todo lo que pasaba por mi cabeza y, por supuesto, por mi cuerpo, en ese largo viaje que me ha llevado desde Fuentealbilla a Albacete antes de marcharme a Barcelona. Y luego a Kobe (Japón), mi otro hogar y el de mi familia, y ahora nos ha llevado hasta Emiratos. Un viaje que habría sido imposible realizar sin la familia de la que procedo.

Nada habría ocurrido sin José Antonio, mi padre; Mari, mi madre, y Maribel, mi hermana. Nada habría sucedido tampoco sin la familia que he formado con Anna, mi maravillosa mujer. La mejor persona de este mundo. Sin ellos no habría logrado nada. Y no estoy hablando precisamente de títulos o éxitos deportivos.

¿Qué es el éxito? El éxito está dentro de cada uno de nosotros. Todos tenemos un talento especial en nuestro interior. Y el éxito reside en cada uno de nosotros para crecer y ser mejores personas y mejores profesionales. Evidentemente, no siempre contamos con las mismas posibilidades, ni con los recursos necesarios para alcanzarlo. O quizá la vida tampoco te concede ese pilar fundamental que es la familia. Pero cada persona, y a su manera, sí cuenta con la posibilidad de poder mostrar su talento singular. Ese que solo le pertenece a ella. No hablo únicamente de fútbol, sino de cualquier ámbito de la vida. Creo que se puede aplicar a todas las facetas.

Sé que no hay dos personas iguales. Ni tampoco tenemos que pretender serlo. Esto no va de imitar a nadie. Es más bien todo lo contrario. No sirve copiar y pegar, porque cada persona va construyendo su propio camino, trazando su ruta. A su estilo, a su manera, peleando en cada momento para que ese talento que hay en nuestro interior se pueda mostrar a los demás. No hay otro secreto. El trabajo, la tenacidad, la constancia, dar un sentido a todo lo que persigues.

No quiero dar lecciones a nadie ni dibujar modelos de comportamiento compatibles con todo el mundo. Ni mucho menos. Simplemente quiero pasear por lo que he vivido, lo que he disfrutado, y también he sufrido, desde que jugaba en la pista de cemento de mi cole en el pueblo.

Es mi historia. La mía y la de la familia que tanto me ayudó en mis inicios. Y también la que hemos construido Anna y yo. Solo deseo que me sientas en cada una de las páginas de este libro, que percibas lo que soy y cómo soy, porque comprobarás que no hay caminos fáciles para nadie.

Esta historia nace en Fuentealbilla, mi pueblo, mi patria, mi país, y me ha llevado, en estos momentos, hasta Emiratos Árabes Unidos. ¿Adónde me conducirá luego? No lo sé. Ahora estoy construyendo otra nueva historia, sumergido en un proceso de aprendizaje, imprescindible y necesario, para enfrentarme a los nuevos desafíos que se presentan en mi vida y en mi carrera. Estoy descubriendo, así, que quizá existe otro talento interior en mi cuerpo y en mi mente, pero sin olvidar jamás a ese niño de Fuentealbilla que tenía un 0,0001 % de posibilidades de alcanzar su sueño. ¿Cuál? Yo solo quería jugar al fútbol, porque lo que vino después ni siquiera podía soñarlo.

Gracias por estar ahí, en el otro lado. Y si quieres, ven y descubre quién soy de la mano de Mari, mi madre; Maribel, mi hermana; José Antonio, mi padre; Anna, mi mujer; Inma Puig, la psicóloga con la que trabajo desde hace años; Toña Lizarraga, la doctora responsable de la nutrición; Marian Rojas Estapé, la psiquiatra que también ha estado conmigo muchos años; y Raúl Martínez, el fisioterapeuta que me ha cuidado durante tanto y tanto tiempo. Por ellas y por ellos pude expresarme en un campo de fútbol tal y como me habéis visto.

1
Desgarro
(Fuentealbilla)

Mamá, siempre has estado en un segundo plano. Parece que nunca estás, pero siempre te encuentro cuando más lo necesito. Ahora que soy padre de cinco hijos, puedo intentar entender el dolor que debisteis de sentir tú, papa y Maribel entonces, cuando me dejaste en Barcelona. Y en ningún momento me trasladaste esa pena. Me protegiste siempre. Luego supe lo que le dijiste a papa aquella noche en el hotel Rallye de Barcelona, que está muy cerca de la Masía y del Camp Nou: «Si se va y no triunfa, lo habré perdido seis o siete años. Si se queda y triunfa, también lo habré perdido seis o siete años. O sea, yo siempre pierdo». Y, al final, entre todos lo conseguimos, aunque ese trauma de la separación familiar estuvo presente durante muchos años. ¡Muchos!

* * *

Dejar tu casa, tu ciudad, tu pueblo, los sentimientos que han constituido la base de tu vida es difícil para cualquier individuo, y mucho más cuando hablamos de un niño. Allí donde llegas, es diferente a lo que has vivido hasta entonces: el clima, el idioma, las costumbres. Acarreas un peso añadido en adaptarte a tu nuevo entorno porque no identificas las coordenadas que han marcado tu vida hasta entonces. Han cambiado los referentes y te encuentras desorientado, nada permanece allí donde tú sabías que estaba. Debes buscar otros nuevos y a la vez tratar de conservar algunos de los que tenías en tu lugar de origen para no perder tu identidad.

Emigrar requiere un esfuerzo emocional que debe tenerse en cuenta. Es como si de tener un corazón más grande se tratara, en el que cupieran dos lugares: el de origen y el de acogida. Con las circunstancias de que ambos lugares tiran con fuerza en direcciones opuestas: uno, hacia el no olvido, porque te reconforta, y otro, hacia el olvido, porque tanta novedad necesita mucha energía. La emigración no la sufre únicamente el que emigra, también los que se quedan.

Todo es más delicado cuando quien deja el hogar es un niño, porque repercute enormemente en el resto de la familia. El niño queda en situación de vulnerabilidad y el efecto sobre los demás integrantes es doloroso. Los padres ven cómo se les va su hijo, que aún está por hacer, y les crea un sentimiento ambiguo muy profundo, tanto del deber cumplido como de culpabilidad. Dudan si han hecho bien o mal porque la responsabilidad es suya, no del niño.

En el caso de Andrés, como en muchos otros, es él quien se quiere ir. Además, a Barcelona. Y lo pide él, que es un menor y no debería decidir, porque es una decisión que corresponde a los padres. Se pueden negar, pero siempre les quedaría el runrún de que quizá le están coartando la posibilidad de desarrollar su vida. También pueden pensar, con toda la razón del mundo, que, si aceptan que se vaya, es posible que lo perjudiquen, porque lo sacan de su entorno y quizá le aboquen a un fracaso, en el caso de que su proyecto futbolístico no prospere. Estas dudas provocan que, en general, los padres se enfrenten a una situación especialmente dura para ambos. Y para el niño. Todos entran en un territorio desconocido. Absolutamente incierto.

INMA

* * *

Es una situación compleja, sin duda. Compleja en el aspecto sentimental de cada uno de nosotros, si lo piensas fríamente. ¡Pero mucho! Es además muy doloroso y muy difícil de asumir y de aceptar. Aunque, evidentemente, tendrías que estar en aquella situación para analizarlo con más claridad y, sobre todo, con más detalle. Por un lado, se trata de algo bueno, el Barça te quiere; pero, al mismo tiempo, terrible, ya que supone alejarte de tu familia en el día a día, sin saber lo que puede suceder en los próximos meses. Nadie te garantiza nada. Ni a ti ni a tus padres. Es un escenario lleno de dudas e incógnitas porque, además, no todo depende únicamente de ti. Por eso tienes que ir adaptándote a lo que ocurra.

Una separación familiar es muy difícil de asumir. ¿Que si yo lo haría ahora con mis hijos? Pues no lo sé. Tendría que encontrarme ante esa situación. Pero sí sé lo que ocurrió entonces. En un principio, mis padres, por su circunstancia familiar, económica y laboral de aquellos años, no podían acompañarme a Barcelona, aunque después sí lo hicieron, y eso me facilitó mucho la vida. A mí, a ellos, a mi hermana… A todos.

Creo que, si eso le pasara a uno de mis hijos, yo lo viviría de forma diferente porque somos una familia grande. Pero, en cualquier caso, habría que analizarlo bien y valorar las consecuencias —no solo inmediatas, sino también a largo plazo— que puede conllevar la decisión que tomes.

En cualquier caso, supone un desgarro emocional muy importante. En mi caso, no solo lo fue para mí, sino también para mis padres, mi hermana, mis abuelas y abuelos… Todos, creo, sufrimos cuando se tomó esa decisión. Diría que lo que vivimos en esos momentos es una pregunta para hacer a un psicólogo: ¿hasta qué punto una decisión de este nivel condiciona mentalmente a las personas involucradas, y más si estamos hablando de niños?

Jamás podré olvidar el decisivo papel que tuvieron Mari, mi madre; José Antonio, mi padre, y Maribel, mi hermana… Cada uno tendrá su opinión, pero la vida, como siempre recuerdo yo, se compone de momentos.

* * *

Fueron tiempos delicados, muy complejos. Para él, sobre todo. Y también para nosotros, por supuesto. Estábamos entrando en un escenario del que no teníamos referencias. Andrés era muy pequeño. Solo tenía doce años y lo dejábamos a quinientos kilómetros de casa. Ahí, solo. Sí, estaba muy bien cuidado en La Masía, ya lo sabíamos, pero no hay nada como tu casa.

MARI

* * *

Es duro, lo recuerdo así. Con mucha pena y tristeza, pero es lo que se decidió en aquel momento. Yo era muy pequeñita. Apenas tenía nueve años cuando él se fue a Barcelona y se quedó allí.

MARIBEL

* * *

Hay momentos y decisiones que cambian tu destino. No solo el tuyo, sino el de las personas que tienes a tu alrededor, esas a las que quieres con toda tu alma. A veces son decisiones acertadas, pero otras lo son menos. No existe una fórmula matemática absoluta que nos defina lo que está bien del todo o mal del todo. Hay muchos matices, muchísimos.

Sé que existe un buen número de teorías que te pueden enseñar el camino adecuado. Incluso sé de protocolos prefijados sobre la manera más correcta de actuar ante cada decisión de este nivel que debes tomar. Pero luego, y ya dentro de la vida real, tienes que hacerlo de una forma que no está escrita en ningún sitio. Quizá luego sí. Pero en ese instante no.

Hay circunstancias que te ayudan más, que te benefician o incluso que te pueden perjudicar en función de lo que acabes haciendo, pero no existe una fórmula fiable. Ni tampoco hay, o yo no lo he conocido aún, nada que te garantice que todo va a ir bien. Pero eso es la vida, tomar decisiones, y a partir de ahí se avanza. Cuesta más, cuesta menos... Te penaliza más, te penaliza menos... Es cierto que ahora disponemos de más mecanismos para ayudar a las personas que tienen que separarse de sus familias. Antes, desgraciadamente, no había tantas herramientas, por lo que la toma de decisiones era mucho más delicada porque te dejaba con menos margen de maniobra.

Situaciones como la que vivió Andrés las arrastras toda la vida. No has tenido, si se me permite la expresión, una infancia normal. Y eso, tarde o temprano, te acaba saliendo. No hace falta ser ninguna experta para entender que ese problema se va sedimentando dentro de ti durante años y años.

Andrés estuvo solo desde los doce hasta los dieciocho años. Y cuando digo solo, me refiero a que no tenía a su familia al lado. Y más si tenemos en cuenta cómo entiende él qué es la familia, tan arraigada como siempre ha estado la suya. Y lo sigue estando. En Fuentealbilla, su pueblo, lo tenían todo. Y, de golpe, eso se rompe porque los padres de Andrés se quedan allí y él se va a Barcelona. A cualquiera que le pase le termina afectando. Cada uno tiene su manera de gestionar las cosas, no todas las personas reaccionamos igual ante un mismo hecho. Aquello fue un *shock* para él y su familia. Y lo sería para cualquiera. Creo que Andrés siempre se ha sentido responsable de ella, y viceversa, por supuesto. Por eso su objetivo siempre ha sido no fallarles en ningún momento. El sacrificio que cada uno de ellos hizo fue inmenso después de tomar esta decisión.

ANNA

* * *

Claro que se puede llevar de una manera mejor que como yo lo viví, pero la consecuencia más inmediata —el desgarro familiar— no deja de existir. Vuelvo a preguntarme si yo haría lo mismo con mis hijos, y vuelvo a contestar lo mismo: tendría que encontrarme en esa tesitura —cada situación familiar, personal, es radicalmente distinta—, valorarla con Anna, estudiar todo lo que se puede estudiar y luego tomar la decisión. Cuando adoptas una, siempre lo haces pensando que es la óptima. «Es lo mejor para Andrés», seguro que pensaron mis padres, aunque eso implicara que no era la preferible ni para ellos ni para mi hermana. A partir de ahí, se sigue avanzando, construyendo y evolucionando.

No puedo olvidar, y lo sé y lo he comprobado y lo he sentido, que ese paso fue terriblemente duro. No digo que me perjudicase, pero con el transcurso del tiempo, pues... tuvo su precio. Y no me refiero solo al paso de los años, sino a la exigencia, a la autoexigencia que me iba colocando a cada momento en mi sitio y a tener que estar a la altura de lo que esperaban de mí los demás. Es algo que no se ve externamente, pero por dentro nunca desaparece porque debes ser responsable de donde estás y de ser quien eres con las expectativas que se generan a tu alrededor. Todo tiene su parte positiva, pero también una parte negativa que no se ve desde fuera. Ni tampoco pretendemos que se vea, pero está ahí. Sin duda, se «paga», si me permitís la expresión, ese precio. Lo sé, claro que lo sé. Y te afecta quizá cuando ya no lo esperas. Entonces, a veces, esa parte negativa sale a relucir y tienes que vivir situaciones que nunca te imaginaste.

* * *

Cuando dejas tu hogar y tu familia pierdes los referentes que habías tenido hasta entonces. Te quedas sin nada. Has de empezar de cero: a ver quién será tu guía, a ver en quién podrás confiar, a ver dónde vas a depositar todo lo que es incómodo, todo lo que es hostil, todo lo que es... Claro, porque uno va a un lugar nuevo, pero no va solo. Va a competir con otros que están en su misma situación. Y esa sensación de incertidumbre se hace todavía más evidente cuando se trata de un niño, unido, además, a lo que más le gusta hacer: jugar al fútbol.

Este caso lo he vivido en numerosas ocasiones en La Masía, adonde llegaban los mejores de su lugar. Claro, cuando tú vives en un entorno seguro con el estatus de «soy el mejor», tienes una identidad determinada, que te da consistencia, seguridad... Cierta tranquilidad. Pero cuando llegas a un lugar donde todos son los mejores de cada sitio, puede ser que te des cuenta de que tú no eres el único, con lo cual también tienes que reinventar tu posición de seguridad.

Existe, además, otra incertidumbre añadida, y es que, en el fútbol, aunque seas muy bueno, ¿qué seguridad tienes de que vas a sobresalir? Te encuentras con que hay muchos jugadores mejores que tú, y eso es muy duro. Debes reinventarte para sobrevivir. Y estamos hablando de niños de doce, trece o catorce años... Nunca podemos olvidarlo.

INMA

* * *

Nunca le dijimos lo que estábamos sufriendo. Es más, nunca supo tampoco lo que ocurrió aquella noche en el entonces hotel Rallye de Barcelona. Estábamos muy cerca de él. A unos quinientos metros de La Masía.

Era su primera noche allí. Y la nuestra. Cuando lo dejamos, nos fuimos los tres (José Antonio, mi marido; Andrés, su abuelo y mi padre, y yo) a las habitaciones. Pero no podíamos dormir. Recuerdo que José Antonio se bajó a la recepción y allí se encontró con el abuelo:

—Voy y me llevo al chiquillo —le dijo a mi padre.

Claro, el abuelo le animó. Pero cuando Juan Antonio subió a la habitación, yo le dije:

—¡¡Déjalo, déjalo, déjalo...!! Si hemos venido hasta aquí, ¿no le vas a permitir que tenga, al menos, una oportunidad?

A él le había entrado un ataque de ansiedad en esos momentos, y yo le decía una y otra vez que le permitiera a su hijo saber si podía o no hacerlo. Para volver a casa siempre tendríamos tiempo. Por eso me puse seria con mi marido:

—Si te lo llevas, serás un egoísta porque estás pensando en ti, solo en ti. Y, claro, en nosotros. Pero tienes que pensar en él. Dale al menos la posibilidad de probarlo. Si hemos venido hasta aquí, no podemos echarnos atrás y que nos entre el miedo, ¿no? ¡Tenemos que ser valientes y fuertes!

Y su padre me escuchó. No se llevó al chiquillo.

MARI

* * *

Nunca supe nada de todo lo que pasó aquella primera noche en Barcelona. En ningún momento me lo dijeron.

Tampoco hacía falta porque yo podía imaginar lo que estaban sufriendo ellos. Pero creo que hasta que no he sido padre no he valorado de verdad todo lo que significaba.

Me enteré años más tarde de lo que sucedió en aquel hotel. Cuando estoy por Barcelona y paso por delante del antiguo Rallye, se me vienen a la cabeza todas esas cosas que vivimos aquel septiembre de 1996. Además, ocurrieron de forma tan rápida que no tenías tiempo para procesarlas. ¿Por qué? Porque hasta ese verano yo tenía claro que no iría al Barça, aunque habían llamado a mi padre varias veces. Porque yo era feliz en mi pueblo, en mi casa y con mi gente. No quería más. Solo quería jugar al fútbol.

Y, de pronto, ya en septiembre, le dije a mi padre: «Llama, a ver si todavía me quiere el Barça». Fue, tal vez, una intuición en el último suspiro, porque para ese mes ya todos los equipos están más que formados. Pero pensé: «¿Por qué no?». Era intuición, estaba presente en mi subconsciente y, al mismo tiempo, tenía la sensación de que debía dar ese paso. Si quería ser futbolista de verdad, tenía que darlo. Por mí y por mi padre. Fue una combinación de muchos factores, pero, al final, sabía que era el momento adecuado. Primero por la ilusión que le hacía a él, claro, y luego porque sentía, y sé que es difícil explicarlo, e incluso más entenderlo, que era lo mejor para mí. Necesitaba progresar y me tenía que enfrentar a esa prueba. Nunca sabré lo que me habría pasado si en el último momento no le digo eso a mi padre, ni qué habría sido de mí. Pero sí tenía claro, y así lo recuerdo ahora, que dar ese paso me iba a hacer mucho bien.

Siempre he respetado lo que me han dicho mis padres; esos valores forman parte de mi vida. Pero sin ese sentimiento que tenía dentro dudo que hubiera dado ese paso. También es verdad que una cosa es tomar la decisión y otra apechugar con ella y con lo que te encuentras en Barcelona, porque nunca abarcas su magnitud. Ni siquiera su dificultad. ¡¿Cómo iba a saberlo?! ¡Tenía solo doce años! Pero, bueno, la vida es eso, tomar decisiones y seguir adelante.

Es evidente que, si solo me hubiera regido por lo «normal» o tradicional, tal vez no habría ido tan joven a Barcelona. Esto pasó hace casi treinta años. Y no es normal que un niño de doce haga eso. Tal vez no sea ni siquiera positivo. Pero en la vida no todo es recto, ni siempre uno más uno son dos. Son decisiones que se toman y a partir de ese instante tienes que avanzar. No hay otra. ¿Cómo? Pues aprendiendo, descubriendo las cosas, haciéndote con las herramientas adecuadas para no quedarte quieto. Ese era el único camino que me quedaba.

* * *

Te quedas en Barcelona y tus padres vuelven a Fuentealbilla. Los niños son conscientes de la pena que siente la familia, y además con una carga añadida: «Si no tengo éxito, se van a reír de mis padres toda la vida porque en el pueblo...». Muchos vecinos miran a los padres con mala cara, como diciendo: «¿Cómo habéis dejado a vuestro hijo allí solo? Al mío yo nunca lo habría dejado». Este reproche se escucha muchas veces, aunque en las ciudades, por ser mucho más grandes, queda diluido por el anonimato.

Estas situaciones suponen una carga de presión muy grande, diría que inmensa, para la que nadie está preparado. Y menos a esa edad. No estamos preparados con quince años, ni siquiera con veinte… ¡Pues imagínate con doce! Esta circunstancia siempre ha acompañado a Andrés. Jugaba al fútbol por él y por su padre, quien, curiosamente, como han contado ellos, resultaría ser el eslabón más débil de toda la cadena.

Al final, todo se sostiene por la tenacidad y la voluntad de Mari. Una mujer increíble. Una mujer de una fortaleza espectacular. Por dentro y por fuera. Hay mucho de Mari en Andrés. Callados, tímidos, respetuosos ambos, pero con una energía y una vitalidad impresionantes. Tienen un punto de rebeldía imprescindible.

INMA

* * *

No sé hasta qué punto se puede superar de forma definitiva, porque lo que viví durante días, semanas y meses se metió profundamente en mi cabeza. El dolor que me provocaba el distanciamiento me hacía, al mismo tiempo, y aunque parezca contradictorio, ser más exigente conmigo mismo. «¡Yo no he venido aquí a perder el tiempo!», pensaba en esos primeros días en La Masía. Fueron momentos duros, muy duros, desgarradores, pero tenía clarísimo lo que deseaba hacer. «Si he venido aquí, con todo lo que ha supuesto para mi familia, no voy a hacer tonterías. Ni distraerme en cosas absurdas».

Mi foco era el fútbol. Eso y estudiar. No había nada más. Si todos, ellos y yo, lo estábamos pasando mal con esa separación, no era cuestión de desaprovechar esa oportunidad. No tuve una infancia tradicional, pero ni ahora ni entonces lo vi como un problema.

Me ha encantado mi infancia porque hacía lo que más me gustaba: jugar al fútbol. Y me cuidaba solo para eso. Tal vez no haya vivido la adolescencia de otros niños, que disponían de los fines de semana para estar con sus amigos y salir por ahí. Nunca lo eché de menos porque estaba en el mejor sitio para conseguir lo que deseaba. Estaba en el Barça, me sentía un privilegiado, un elegido. ¿Que no tenía la libertad de otros niños o niñas? Me daba igual. Tampoco me importaba mucho.

Además, contaba con un valor añadido: al ser de los más pequeños de La Masía, me mimaban mucho. Siempre pendientes de mí, no me dejaban estar solo, ni que tuviera, aunque fuera unos segundos, la sensación de abandono.

Los días pasaban rápidamente: desayuno, ir al cole, volver, entrenar, dormir…, y así llegaba el fin de semana. Cuando tocaba que vinieran mis padres, me pasaba horas esperándolos en el muro de La Masía. Realmente estaban muy poco tiempo y era un verdadero drama cuando llegaba la hora de que se marcharan. Lo vivíamos como un sacrificio colectivo: yo no tenía a mis padres, ellos no tenían a su hijo; yo no tenía a mi hermana Maribel, ella tampoco a mí; mis abuelos no tenían a su nieto, yo tampoco a ellos... Fue una carga pesada que nunca podría olvidar. Por eso me decía constantemente: «No les puedo fallar, no les puedo fallar», y, al mismo tiempo: «¡¡No me puedo fallar, no me puedo fallar...!!».

* * *

Hay una cosa que nunca hemos pensado, eso de que no nos tenías que fallar. ¡Qué va! Era justo lo contrario. Tú nos has dado mucho más a nosotros que nosotros a ti, sin duda.

MARI

* * *

Es verdad que siempre tuve la sensación de que lo conseguiría. ¿Miedo a fracasar? No, ¿por qué? Nunca lo tuve porque me lo tomé con mucha naturalidad y con el convencimiento, además, de que iría pasando las etapas. Ese era mi compromiso, sabía que estábamos haciendo un esfuerzo descomunal. En mi mente solo tenía un objetivo: «Lo voy a conseguir, lo puedo conseguir».

Es curioso, pero no tuve la sensación de presión porque era tan feliz jugando al fútbol que sentía que podría con todo. No me ahogaba nada de lo que sucedía ya que entendía que no había mejor escenario para lograr todo aquello por lo que peleaba. Estaba en el Barça, disfrutando, jugando bien, la gente me tenía mucho cariño, La Masía era mi otra familia, me querían, me mimaban... Sentía que todos me miraban con otros ojos y que en el camino había muchos más motivos de alegría y tranquilidad. No tenía esas piedras en la mochila que me impidieran caminar.

Tal vez me tomé todo de forma muy natural, cuando verdaderamente era algo extraordinario. No lo sé. Pero es mi forma de ser y de sentir. Quizá ese carácter es el que me ha permitido ir sorteando todas esas dificultades que se veían desde fuera, y yo, en cambio, como era tan feliz en el campo, ni las percibía. O fue también la manera que elegí para que todo lo que sucedía a mi alrededor no me afectara, la forma que tuve de protegerme. No sé, la verdad.

Sí puedo asegurar que siempre me sentí un privilegiado porque podía disfrutar de esa maravillosa oportunidad de jugar en el Barça. ¿A cuántos niños o niñas no les encantaría estar en mi lugar? ¿A cuántos? Era muy afortunado. Mi pasión era, es y será el fútbol. Vivía con felicidad cada día que íbamos a entrenar al campo de tierra o al de césped artificial y luego volvíamos caminando desde el Mini Estadi hasta La Masía, charlando con algunos compañeros y amigos.

A veces volvía solo y pasaba por delante del Camp Nou. No se me pasaba por la cabeza que las cosas podrían no salir bien; solo pensaba en entrenar, estudiar y trabajar al máximo para jugar algún día en ese inmenso estadio que veíamos cada día de nuestras vidas.

Quizá sí. Quizá lo que para mí es algo natural resulte extraordinario para los demás. Pero era feliz jugando al fútbol. Y eso podía con todo lo demás. O casi.

2
Sacrificio
(Barcelona)

Tras mi primera noche en La Masía, mis padres y mi abuelo vinieron a verme antes de que subiera al autobús que me llevaba al colegio. Entonces, me dijeron: «Luego nos vemos. ¡Que vaya todo bien!». Y me fui contento a la escuela porque creía que al regresar estarían allí. Pero cuando volví ya no estaban. Fue muy duro, durísimo. Más tarde me di cuenta de que había sido una decisión acertada. ¿Por qué? Porque si llego a saber esa mañana que ya no los vería, me habría montado en el coche con los tres de vuelta al pueblo. ¡Eso seguro! O habría salido corriendo detrás del coche. Es como cuando me enteré de lo que sucedió en el hotel Rallye. Si vienen tu padre y tu madre a buscarte de madrugada, ¿qué haces? Es fácil: te vas con ellos. Al final, la vida la forman esta serie de pequeñas y, a la vez, grandes decisiones. Lo más normal, quizá, sería marcharte. Eso es lo que habría sucedido si mi madre no hubiera sido tan fuerte.

* * *

Aquel verano se me hizo larguísimo. Al final, fue Andrés quien le pidió a su padre que llamara al Barça. Y nosotros éramos incapaces de decirle que no, aunque eso implicara estar lejos de él. En aquellos momentos no existían los avances tecnológicos de ahora. Solo podíamos hablar, y es un decir, una vez al día. No tenías la opción de estar conectado a él como sí es posible hacerlo ahora. Y nosotros no podíamos dejar de trabajar. Ni por él ni por su hermana. Ahora, cuando lo piensas, eres consciente de todo ese sacrificio que tuvimos que asumir. Y lo hicimos todos. ¿Que si lo volvería a hacer? No lo sé, se debe valorar en el momento en que ocurre. Ni antes ni después. Son pruebas a las que te somete la vida. Ahora, pasados casi treinta años, no vale decir qué habría hecho y qué no hice. Las circunstancias cambian, la situación es distinta. Nosotros tomamos aquella decisión en ese momento.

Sí, fue muy duro. ¡¿Cómo no iba a serlo?! Recuerdo aquel viaje de ida camino de Barcelona. Aquella parada en Tortosa, donde nadie comió. Ni el chiquillo, ni su padre, ni su abuelo, ni yo. Todos callados. No nos entraba nada en el estómago. Y luego el viaje de vuelta al pueblo sin él, que se había quedado en La Masía. ¡Qué silencio en el coche! Habíamos dejado a nuestro hijo, pero no quedaba otra. ¿De dónde saqué la fuerza? Pues no lo sé, pero creo que era justo que Andrés tuviera, al menos, la posibilidad de poder perseguir ese sueño que tanto le gustaba.

La noche del hotel Rallye había sido muy dura y muy tensa. Como madre, yo sentía lo mismo que mi marido y que mi padre. ¿A quién no le pasaría? Pero creo que era de justicia dejarle en Barcelona. Tal vez ese sentimiento fue lo que me movió a decirle que se quedara. Tal vez, no; sin duda, fue eso. Tenía que probarlo. Y nosotros asumir con todo el dolor del mundo que Andrés merecía, y hasta necesitaba, probarse. Cuando lo dejamos allí, no sabíamos entonces por cuánto tiempo se quedaría, si un mes, un año, dos, tres… Al final, fueron cinco. Tardamos cinco años en reencontrarnos toda la familia.

MARI

* * *

Yo no pienso en el tiempo que estuve sin tener a mi hermano en casa. Es como si lo hubiera borrado. Solo pensaba en cuándo iba a poder verlo, que era una vez al mes, y recuerdo bien aquellos momentos que compartíamos juntos. Solo tengo en mi memoria lo que vivíamos.

Yo era pequeña cuando se marchó y, como es obvio, lo echaba de menos en cada momento. Pero todo quedaba como «olvidado», no sé si es la palabra correcta, cuando llegaba el viernes y sabía que nos volveríamos a encontrar. Nosotros intentábamos ir una vez al mes, como mínimo. Por eso, yo pienso mucho más en lo que significaban esos reencuentros en Barcelona que los cinco años en los que estuvimos separados. Al principio, Andrés volvía al pueblo por Navidad, por Semana Santa y en verano, pero, poco a poco, a medida que iba subiendo de categoría en el Barça, venía cada vez menos y al final solo podía escaparse los últimos días del año y al acabar la temporada. No sabes cómo, pero terminas acostumbrándote y lo que haces es valorar el tiempo en que sí puedes estar con él y vivir una «infancia normal» entre hermanos.

En definitiva, a mí lo único que me interesaba era que Andrés estuviera bien en Barcelona y que pudiera disfrutar de lo que más le gustaba, jugar al fútbol.

MARIBEL

* * *

La cantidad de pérdidas que sufre quien deja su hogar son muy numerosas. Cualquier persona, ante una ausencia temporal, debe hacer un «duelo»; si hablamos de un niño, aún más. Lo que se deja atrás es mucho y se pierde de golpe, prácticamente de un día para el otro. A un niño esta situación lo coloca en un escenario muy delicado. ¿Cómo lo resuelven? Dejando la elaboración del duelo para más adelante, intentan arrinconarlos y obviarlos, para que el niño focalice su mirada solo en el objetivo que le ha llevado a marcharse. Ese objetivo debe marcar su rumbo y ser su vía de escape porque debe continuar como si apenas nada hubiera sucedido.

INMA

* * *

Sí, claro que los primeros meses fueron un drama. Creo que hasta cierto punto es normal. Obviamente, algunos días estaba mucho más triste que otros, pero es verdad que luego en La Masía fue rodado. Sé que algunos de mis amigos se tenían que hacer los fuertes cuando por las noches se acercaban a aquella cabina telefónica que había en el interior de la residencia. A mí, la verdad, me costó muchísimo. Las primeras veces ni siquiera hablábamos. Era descolgar el teléfono y se me saltaban las lágrimas. Tampoco podía mentirles porque me oían llorar. No recuerdo haber fingido nada. No sabía, ni tampoco podía hacerlo. Ellos me «oían» las lágrimas, y era normal. También era lógico que esas situaciones me estresaran, y entonces no sabía que podrían llegar a afectarme. No digo a corto o medio plazo, sino pasados los años.

Y lloré. ¡Claro que lloré! Lloré mucho. ¿Dónde? Intentaba hacerlo en sitios en los que no me vieran mis compañeros, aunque luego se daban cuenta porque cuando bajaba a cenar me veían los ojos enrojecidos. Era parte del proceso que debíamos pasar todos los que estábamos allí, a pesar de que nos sentíamos muy bien tratados y cuidados. ¡Tuve suerte en ese aspecto! Pero me faltaba mi familia, mi gente, mis amigos del pueblo… Me faltaba todo.

* * *

Como he comentado anteriormente, sucede con frecuencia en La Masía. De repente, se tienen que enfrentar a un escenario nuevo, con otros compañeros que son iguales o mejores que ellos. Y eso es duro para personalidades que, además, se están formando, porque son muy jóvenes. Por lo tanto, tienes que reinventar tu postura de seguridad, prácticamente, sobre la marcha.

Muchas veces los niños me preguntaban cómo debían comportarse cuando fueran a telefonear a sus padres. Me decían: «Si les digo que estoy mal, vendrán inmediatamente a buscarme. Y si les digo que estoy bien —que no lo estoy—, ¿entonces qué hago?».

INMA

* * *

Nunca he tenido miedo. Ni me he sentido menos, si se me permite la expresión, que nadie. Tampoco me he visto inferior. Y lo digo desde el máximo respeto, porque jamás me he sentido mejor que nadie. Simplemente he confiado, y mucho, en mis posibilidades. Si alguna vez tuve ese miedo, tal vez me lo dejé en algún otro sitio, porque me he visto con la capacidad necesaria para enfrentarme a cualquier situación. ¿Por qué? No lo sé. No tengo una explicación científica. Desconozco si es algo genético, si viene de mi padre, de mi madre... No sé lo que es, pero siempre he tenido mucha autoestima. Creo que era necesario para poder avanzar. Si no la tienes, y en un grado elevado, todo se complica. Confié mucho en mí y en mis capacidades.

Claro que las habilidades que he tenido para ser futbolista estaban ahí, pero se necesita algo más. He coincidido con muchos compañeros que tenían talento. ¡Mucho talento! Pero no se llega solo con eso, porque hay otros factores que no se ven, a veces ni se aprecian, que tienen tanto o más valor. Y claro que me encantaba jugar al fútbol. Ha sido mi pasión desde niño, lo sigue siendo ahora y no dejará de serlo nunca. Pero lo más importante, o al menos así lo veo yo, es que he afrontado todo con mucho coraje, determinación y ambición. Tenía, y tengo, mucha convicción en todo lo que hago. Lo siento como algo natural. Me sale de lo más profundo de mí. Aunque, y esto es lo más importante, se debe trabajar día a día. No puedes pensar: «Ya está ahí», y punto. ¡No, no, no...! Yo tenía muchísima ilusión por convertirme algún día en futbolista y sentía que no podía fallarme a mí mismo.

Es evidente que, si te paras a pensar en todo lo que te rodea, puedes sentir cierta preocupación. Si miras hacia adelante, incluso es posible que te ronde la idea de que no llegarás. Pero ese no era mi pensamiento. Es fácil que, si te paras un segundo a observar, a analizar todo, seguramente te entre miedo. Entonces sí pensarías: «De los mil jugadores o más, ¡qué sé yo!, con los que me he cruzado a lo largo de mi vida en las categorías inferiores, ¿quién ha llegado a ser futbolista? ¿Quién ha alcanzado la élite?». ¿Sabes cuántos? Ni idea, claro. ¿Quizá un 2 %, o ni siquiera? No sé. ¿Tan solo un 1 %?

Por supuesto que siempre me he sentido un afortunado, un privilegiado, un elegido entre millones. Un elegido porque, en primer lugar, alguien me escogió para ir al Albacete cuando ni siquiera tenía la edad para entrar en el club, y aquellos entrenadores pensaron que sí podía hacerlo. Un elegido porque otras personas creyeron que podría jugar algún día en el Barça. Un elegido porque luego te ponen en el infantil, en el cadete, en el juvenil, en el Barça B y en el primer equipo. Un elegido porque acabas llegando a la Selección, donde solo hay espacio para veintitrés futbolistas, y, sin embargo, hay miles de jugadores que aspiran a eso.

Hablo del fútbol, que es lo que he vivido yo, claro, pero esto sucede en cualquier trabajo. En mi deporte, para ser profesional, tienes que hacer miles y miles de cosas bien, algunas que no se ven, pero que son igual de importantes o más que aquellas que realizas en el campo. Si dejas de hacer algo, te pasan por delante, y ya, de inmediato, te encuentras detrás de alguien. No digamos para estar en un equipo tan grande como el Barça o en una Selección tan importante como la española. Si no haces todo lo necesario, por pequeño que sea el detalle, te adelantan.

* * *

La selección de jugadores es siempre muy complicada. Cada verano hay una criba de talento en La Masía. Unos se quedan y otros se van. Así sucede año tras año: dentro, fuera; fuera, dentro... Es como si con doce años estuvieras pasando unas oposiciones. ¡Imagínate! Oposiciones anuales.

Las personas adultas que se han preparado para ellas, y suele ser una vez en su vida, dicen que es lo más duro que han vivido, y que aunque lo han hecho convencidas de que terminaría siendo lo mejor para ellas, asumiendo años y años, horas y horas diarias de estudio, dedicando toda su energía, finalmente, la dureza de la prueba les supera... Y eso que solo les ocurre una o dos veces en su vida.

En el fútbol profesional es distinto. Solo tienes una oportunidad. Las oposiciones «normales» son todo lo duras que puedas imaginar, pero hay un jurado que te examina bajo unos parámetros determinados, normalmente fijos, que ya te han explicado. Sin embargo, en el deporte todo es muy etéreo, inestable, aleatorio... Te encuentras con un escenario tan móvil que se modifican las circunstancias del «examen» en cada momento. Es decir, dependes del entrenador que tengas, de quién tome la decisión, de lo que hayas hecho tú hasta entonces y de cómo se te haya valorado. Compites con muchos jugadores que son iguales que tú, pero, curiosamente, el jurado cambia cada año. A veces, incluso, en mitad de la temporada. Con lo cual, además de estar solo y de los efectos que eso provoca en tu vida, te ves inmerso en una oposición permanente para mantener el lugar al que has llegado. Una oposición en la que no todo depende de ti.

INMA

* * *

Nosotros no pensábamos en negativo. Lo veíamos feliz jugando al fútbol, que era lo que más le gustaba. Con eso era suficiente. Claro que hacía un sacrificio, y lo sabíamos. Era, al mismo tiempo, un sacrificio compartido por todos. Pero verlo con la pelota nos llenaba de alegría. Era como si nos diera energía y ayuda para superar todos esos malos momentos. Aunque había días para todo. Días en los que llorábamos mucho y días en que menos, pero la vida te obligaba a seguir avanzando. No podíamos dejar de trabajar ni un solo momento. Si él estaba en Barcelona, nosotros teníamos que continuar con la misma fuerza para mejorar y darle las condiciones adecuadas.

MARI

* * *

Yo entendí que tenía que hacerlo. Debía probarlo. Estaba feliz en mi pueblo, era mi casa, mi gente, lo tenía todo… Pero creía que era el momento de hacerlo. También pensé en mi padre. Cuando hablo de él me emociono muchísimo, no puedo evitarlo. Tenemos un vínculo especial desde siempre por el fútbol y, obviamente, por todo lo demás. Es un faro para mí, incluso a día de hoy, que también soy padre. Siempre que tengo algún asunto por delante recurro a él y a su experiencia porque me aporta algo diferente. Sé que el día que debuté en el primer equipo del Barça él se sentía el hombre más feliz del mundo. Lo sé y no hacía falta que me lo dijera. Mi familia se había sacrificado muchísimo para ayudarme a conseguir todo lo que ha sucedido después. A todos ellos —a mi madre, a mi padre, a mi hermana— les debo un agradecimiento eterno.

* * *

Aunque lo pareciera en su momento, ir a Barcelona no fue decisión de Andrés. Él era menor de edad y, si sus padres hubieran decidido que no iba, no habría ido. Pero, en este caso, el niño quería transformar el orden de las cosas. Eran los padres los que tenían que decidir y asumir este tipo de responsabilidades, no él. Ahora bien, esa es la teoría. Luego, la vida te coloca ante situaciones completamente distintas. Como ya he comentado, podrían haber dicho que no, pero siempre les habría quedado esa sensación de qué habría sido de su hijo si…

Inma

* * *

Yo lo tenía claro. No dudé nunca. ¿Por qué? Porque sentía que debía hacerlo en ese momento. No sabes, claro, lo que luego puede suceder, sea bueno o malo. ¿Cuál es el secreto? No lo hay. Salvo que sea tener una ilusión por alcanzar tu objetivo y trabajar desde el primer momento sin desviarte de tu camino. O, al menos, intentarlo con toda tu fuerza, ya que desde pequeñito quería jugar al fútbol.

Lo más importante, al menos para mí, es saber escuchar. Primero a mi padre, pero luego hay que hacerlo con todo aquel que intenta ayudarte, mostrando el máximo respeto, siendo humilde y trabajador y haciendo todo lo posible en cualquier momento. No hay otra fórmula. Cuando digo hacer todo, quiero decir trabajar de forma incansable y tratar de aprender cada día: de lo que te dicen los entrenadores, de lo que piensan y viven tus compañeros, y no dejar en ningún momento de ser respetuoso con los demás. Nunca puedes pensar si eres bueno o qué tanto por ciento hay dentro de ti, sino encontrar la motivación necesaria para aprender y evolucionar.

He convivido siempre mirándome a mí mismo, sabiendo dónde puedo ser mejor sin pensar en lo que hacen los demás. Confiar en mis posibilidades al cien por cien como único elemento para avanzar y ser hoy un poco mejor que ayer, pero, al mismo tiempo, un poquito menos que mañana, porque no tengo otro camino. El recorrido necesita una evolución permanente, porque quedarse parado pensando que ya lo tienes todo es el primer paso para perder y perderte.

No puedes creerlo. En el fondo, esa suma de miles y miles de cosas es tan importante que, si te dejas dos o tres, no llegas, porque seguramente hay otro jugador que sí las tiene todas. ¡El mundo actual es así!

Pasaba y pasa no solo en La Masía, sino en cualquier lugar. Es la misma vivencia que luego experimentas cuando, de manera lenta, vas subiendo por las categorías inferiores del Barça. Es una selección muy dura. La criba está presente en cada momento, en cada día, en cada entrenamiento, incluso en cada partido. Los mejores están ahí, junto a ti. Es la exigencia que conlleva jugar en clubes tan grandes, aunque tengo la sensación de que no importa el escenario o el contexto en el que te muevas. Esa exigencia, esa autoexigencia, debe ser intrínseca a ti. Si te duermes un poco, te superan y hasta luego.

* * *

Yo no quería pensar en la posibilidad de que Andrés pudiera pasarlo mal. La verdad es que no. Estaba convencida de que jugando al fútbol sería feliz, al margen de los momentos en que nos pudiera echar de menos. Solo pensaba en que estuviera bien. Que disfrutara jugando, que fuera buena persona, que se comportara correctamente y no generara ningún tipo de problema, que nadie tuviera queja de él en La Masía.

MARI

* * *

Sabía que si llegaba hasta aquí era para conseguir lo que tanto deseaba. Debía comportarme de la manera más adecuada, porque todo acabaría impactando, y para bien, en mi vida y en mi carrera, aunque en esos momentos en lo único en lo que pensaba era en jugar al fútbol y estudiar. Todo estaba enfocado en ese objetivo. Y me encontraba en La Masía. No había un sitio mejor, al menos para mí.

Llegué inmensamente ilusionado, empapándome de todo lo que sucedía a mi alrededor. Cada día tienes algo nuevo que aprender. Siempre he sentido el fútbol con pasión, ilusión y sentimiento. Y con unas continuas ganas de superarme. ¿Qué es eso? Sacrificio. No hay más. Tienes que sacrificar muchas cosas para intentar lograr aquello que persigues. De ahí que no tuviera esa sensación de miedo o de responsabilidad que me pudiera oprimir. Lo veía como un regalo, como una posibilidad para disfrutar.

A veces, cuando estaba triste, pensaba en la cantidad de niños a los que les encantaría estar en ese momento en mi posición, jugando en el Barça, sintiéndose queridos por todos, como me sucedía a mí. Lejos de mi familia, por supuesto, pero hallando dentro de mí la fuerza necesaria para mejorar cada día.

El fútbol me lo ha dado todo. No podía fallarle. Y, además, he tenido la suerte de que mis padres y mi familia sean maravillosos y de haber podido crecer en este entorno. Ha sido algo increíble porque todo lo que me han enseñado e inculcado desde pequeño ha terminado por salir. Eso es un tesoro que guardas para toda tu vida, ya que a medida que va pasando el tiempo y tienes más vivencias propias descubres que todo eso te conecta a lo que son ellos.

* * *

Andrés tiene, desde pequeño, un elevado sentido de la responsabilidad. Por lo que me ha contado, siempre fue así. Tiene esa necesidad de estar a la altura que se impone él mismo. No necesita que se lo digan los demás. Ni tampoco que se lo exijan. Es él mismo quien se fija sus exigencias. Ahí tiene su base. Ahí la ha tenido siempre. No sabe hacerlo de otra manera. Esfuerzo, esfuerzo, esfuerzo… No lo entiende de otra manera. Eso es lo que le hace sentirse tan responsable en cada uno de los retos que afronta. Y en el fútbol, por supuesto, siempre ha sido así.

ANNA

* * *

En ocasiones, para los niños de La Masía no es fácil contarles a sus padres la pena que sienten en esos momentos porque saben que eso supondría un elemento de preocupación. Son conscientes de lo que representan para ellos. Saben el pesar que queda en sus padres cuando se van de casa. A veces, algunos me han llegado a decir: «Inma, yo tengo que llegar. Tengo que hacerlo por mis padres, porque no sabes lo que han dicho de ellos por dejarme aquí». No estoy hablando de Andrés, sino en general, porque se trata de una decisión vital que tiene un calado inmediato al romper, aunque sea de forma momentánea, la estructura familiar. Y los niños, aunque de forma inconsciente, sienten esa presión. «Si no tengo éxito, se van a reír de mis padres; si no lo consigo, ¿qué más dirán de ellos?». Quieras o no, todo eso flota en el ambiente porque asumen una carga y una presión para la que no están preparados. Nadie lo está, y a esas edades, menos.

INMA

* * *

No puedo olvidar todo lo que viví en esos primeros años. Es imprescindible recordarlo siempre porque forma parte de mí y, además, me sirve como experiencia para gestionar lo que sucede después. ¡¿Cómo olvidar aquellas tardes esperando a mis padres en La Masía?! Se me hacían eternas. Ahí estaba yo, aguardando a que aparecieran con el coche para disfrutar de su presencia. ¡Era el niño más feliz del mundo!

Llegaban a Barcelona el viernes por la tarde-noche. Luego, tenía partido el sábado y pasábamos todo el día juntos. Nos íbamos de paseo por la ciudad. Ese era, en realidad, el único momento en que la pisaba, porque siempre estaba en La Masía, en el colegio o en los campos de entrenamiento. Y el domingo se volvían de nuevo para el pueblo. Ya era un día diferente. Me levantaba distinto porque sabía que me quedaba poco tiempo para estar con ellos. El domingo empezaba el drama. Tenían que regresar pronto para ayudar por la noche en el Bar Luján. No podían quedarse el fin de semana completo. ¡Ni mucho menos! El domingo ya era un día cuesta abajo, casi perdido, porque teníamos sentimientos encontrados. El jueves estaba encantado; el viernes, motivadísimo; el sábado era ideal, pero el domingo… Se hacía muy duro.

* * *

Sí, es verdad. El viernes era un día fantástico. ¡El sábado también! Los domingos ya no. Se te hacía tan corto todo… Estabas dos, tres semanas, y a veces hasta un mes esperando a que llegara ese momento, y luego pasaba muy rápido, demasiado rápido para todos.

Mari

* * *

Cuando paso por La Masía y por la calle de la Maternidad en Barcelona recuerdo todo lo que viví allí. No lo puedo evitar, forma parte de mi vida. No sé si soy más Iniesta o soy más Luján, pero sí sé que nuestra vida ha estado siempre marcada por un gran sentido del trabajo, del esfuerzo y del sacrificio...

Todo ello presidido por la humildad. Es lo que he vivido en mi casa con Maribel desde que era pequeño. El trabajo de mi madre en el bar, lleno de sacrificio, hacia mi hermana, hacia mí, hacia nosotros. He vivido el trabajo de mi padre, subiéndose a los andamios durante años y años, ni siquiera sé cuántos. Luego, cuando terminaba la jornada, se iba al bar a ayudar a mi madre y a mis abuelos, sirviendo cenas y demás historias. Ahí estaban todos, mis abuelos, mis tíos, mi madre, mi padre, mi hermana... Todos. El único que no trabajó allí fui yo. Los demás sí. Y eso sin contar que de vez en cuando mi padre se iba a Francia a la vendimia a buscar lo mejor para su familia.

Yo he vivido todo eso, lo que significaba para ellos trabajar día y noche para que nosotros tuviéramos un futuro mejor. He pasado por esas situaciones mínimas y precarias en las que mis padres se gastaban su sueldo para comprarme unas botas de fútbol. He escuchado en casa que no les daba para pagar las letras del coche... Eso es lo que he vivido.

* * *

El Bar Luján era el único del pueblo que no cerraba ni un solo día. Estaba abierto los trescientos sesenta y cinco días del año. No había posibilidad de descanso alguno porque teníamos que estar desde las siete de la mañana, cuando abríamos, hasta la medianoche, a veces incluso más tarde. Y en las fiestas de Fuentealbilla apenas dormíamos dos o tres horas porque era un no parar. Yo estaba todo el día en la cocina y José Antonio acababa las obras y se venía a ayudarnos en el bar. Era nuestra vida.

¿Vacaciones? Nunca. Creo que las primeras que hicimos fue cuando nos marchamos a Barcelona a vivir; Andrés debía de tener diecisiete años. Pero hasta entonces no pudimos porque debíamos trabajar sin parar. No es que lo hiciera yo sola. No, no, no… Estábamos todos ahí, en el bar. Si lo hacían mis padres, ¡cómo no podía hacerlo yo! Así vivíamos. Levantarnos, ir al bar, llevar a Andrés y a Maribel a la escuela, de nuevo al bar. Eso, día tras día, porque era nuestra única manera de sacar adelante a la familia. ¿Fiesta? Ninguna. ¿Descanso semanal? Eso no existía en aquella época. Al menos no para nosotros.

MARI

* * *

En aquel tiempo no había ni un solo día de pausa, pero era lo que tocaba —y era lo que hacía cualquier familia—: trabajar, trabajar y trabajar para sacar a los tuyos adelante. Era algo que se veía incluso como normal. No teníamos un solo día libre. La obra, el andamio, el bar, ayudar a Mari, a la familia... Y eso todos los días y durante las horas que hicieran falta.

A veces, cuando no teníamos mucha clientela en el bar, encontrábamos un rato para descansar un poco en casa, pero luego era vuelta a empezar. Esa era nuestra vida en el pueblo, no teníamos la costumbre de cerrar nunca. No existían las vacaciones ni tampoco los días festivos, tan solo cuando Andrés se fue a Barcelona con doce años. Pero lo hacíamos con energía y con mucha fuerza porque no había otro camino si querías darle a tu familia las mejores condiciones posibles. Y yo era feliz viviendo de esa manera. ¡Por supuesto!

José Antonio

3
Oscuridad
(Depresión)

Todo empieza después del que había sido el verano más exitoso de mi vida. Estábamos en 2009. Después de Stamford Bridge, de la Champions, de haber superado aquella lesión que no me dejó jugar la final de Copa y que, según me decían, me impediría estar en Roma... De repente uno empieza a encontrarse mal. No sabes el motivo, pero te sientes mal. Un día y otro también. No mejoras. Te hacen un montón de pruebas médicas y nada indica que exista algún problema, y tú no estás bien. No paras de darle vueltas en la cabeza a esa situación que resulta absolutamente desconocida para ti.

Nada es tan fácil como parece. Todos tenemos derecho a sentirnos mal. Y lo más importante es que debemos aceptarlo, aunque eso requiera de un período de tiempo largo. No creo que, por mucho que te lo propongas, se puedan acortar los plazos. En esos momentos, yo era solo Andrés. No podía ser Iniesta, por mucho que me lo pidieran. Llegó un instante en que me sentí vacío. No tenía nada dentro.

Vivía algo curioso. Por un lado, esa sensación de que tenía que seguir siendo Iniesta me obligaba a avanzar, poco a poco, pero estaba convencido de que debía hacerlo. Era sí o sí. Sabía que tenía que ir a entrenar, aunque, a veces, llegaba al campo, estaba allí quince minutos y me volvía de inmediato para casa. Nadie lo sabía en el equipo. Solo Pep, el míster, Inma, mi psicóloga, Emili, mi fisioterapeuta, y nadie más. En casa sí estaban al corriente de que algo me estaba pasando, pero fuera no.

Eso era lo más difícil de llevar. Era como si tuviera una doble vida. Una anónima y oscura, y otra pública y, supuestamente, feliz fuera de casa. Era consciente de que el poco rato que estuviera entrenando me iría bien para mejorar al día siguiente. Lo vivía como un proceso lento y me provocaba muchos problemas. Cuando estaba fuera de mi casa, era como si estuviera «mintiendo» a los demás. Ellos no sabían nada. Ni debían saberlo. Por eso, evitaba ciertas situaciones en las que me encontraba incómodo, tanto por estar allí como por la sensación de no ser yo.

No sé si me explico bien, pero vivía en esa permanente contradicción. Además, la gente te valora por lo que eres y por lo que estás rindiendo sin saber realmente lo que vives por dentro. No lo saben. Ni tampoco tienen por qué saberlo. Había días en que mis compañeros se quedaban entrenando en el campo y yo bajaba al vestuario. Entonces, me metía en la ducha y lloraba. Lloraba sin que me viese nadie.

* * *

Andrés nunca dejó de pedalear. Desde que llegó a La Masía entendió que no le quedaba otro camino. Fue tan dura la circunstancia y tan grande el reto que se planteó a sí mismo que no había otra opción. O así, al menos, lo veía él. Si se hubiera parado a pensar en la dureza de lo que tenía por delante —estamos hablando de un niño de doce años alejado de su familia durante mucho tiempo—, no habría avanzado. Por eso, pedaleaba, pedaleaba y pedaleaba. Y volvía a pedalear, ya que solo tenía fija la vista en lo que debía mejorar. Lo hacía sin dejar de vigilar el entorno, exigente y duro, que había a su alrededor. Pero lo hacía de reojo. Era como si fuera en bicicleta durante todo el tiempo de su vida y con orejeras puestas, pedaleando sin parar. Porque si paraba un momento, se caía. Y si se detenía para mirar lo que estaba a su lado, lo adelantarían.

Todo eso provoca un desgaste que se va acumulando y que con el tiempo acaba pasando factura. Llega un momento en el que consigues todo lo que has perseguido durante muchos años y entonces puedes detenerte a pensar lo que has dejado atrás en ese largo camino. Ves todo lo que has sufrido, y es entonces cuando puede llegar el bajón. Y todo ello unido, además, a la muerte de su amigo Dani Jarque. Te sale lo que tienes dentro. Es lo mínimo. ¡Qué menos que encontrarte en un estado depresivo por la acumulación de todas las pérdidas que has sufrido!

INMA

* * *

Eso es verdad. Andrés nunca dejó de pedalear. Ni cuando era un niño ni ahora. Tampoco en este momento, que es padre de cinco hijos. Él nunca decía nada, siempre iba absorbiendo todas las cosas, jamás se quejaba. Estaba pendiente de los demás sin saber entonces que debía pensar también en sí mismo. Esa carga le ha acompañado, creo, desde que dejó su pueblo.

Y, de pronto, en aquel año de 2009, en el que alcanzaron la Champions de Roma, se le amontonó todo en la cabeza. Estaba en un agujero negro, pero yo estaba «tranquila» dentro de la gravedad del problema porque sé que Andrés es una persona superfuerte, capaz de superar todas las dificultades que se le pongan en el camino. Y sabía también que estaba en las mejores manos posibles.

Se encontraba arropado por su familia, por Inma, por los médicos, por mí... Por todos. ¡Y saldría! Lo conozco. Sabía que lo haría. No sé por qué, pero tenía ese sentimiento, igual que él, un sentimiento de superación. Contaba con la ayuda de personas que le darían las herramientas adecuadas para encontrar la salida, pero todo requería de un proceso. Estas cosas no se resuelven de hoy para mañana. Ni mucho menos. Es algo lento y complejo. Lento porque, al principio, los avances, cuando los hay, son mínimos. Lo primero de todo es aceptar la situación. Aceptarla y entenderla.

ANNA

* * *

Es muy duro verlo así. Recuerdo que un día, cuando aún vivíamos juntos en Barcelona, yo estaba en el sofá, y él bajó de su habitación y me dijo: «Mamá, quiero estar aquí contigo». Cuando ves a tu hijo en una situación así, te preocupas e incluso te asustas. Es algo tan nuevo que no sabes cómo reaccionar. Por eso, lo primero que hicimos fue hablar con Inma. Fuimos todos a verla: José Antonio, Maribel, Anna, yo... Teníamos que aprender a gestionar ese nuevo escenario. Y solos no podíamos hacerlo, necesitábamos la ayuda de los especialistas. Sin ellos nada habría sido posible, todo se habría complicado mucho más.

MARI

* * *

El deporte parece que te protege y te arropa en el bienestar mental. Es como si te defendiera de la depresión, pero cada vez está más estudiado científicamente que el deportista, en este caso Andrés, está sometido a más tasas de ansiedad y depresión porque conviven, por un lado, el personaje público que es y, por el otro, la persona que, en realidad, se siente. Entras en ese doble juego. Y la clave es cómo manejas esa exposición sin que afecte a tu rendimiento y a tu autoestima. No puedes decir siempre: «Tengo que poner buena cara», ni puedes enseñar esa supuesta buena cara cuando, en realidad, estás mal. De ahí la importancia del gesto que tuvo Andrés. Primero, en privado; luego, en público. Levantó la mano y dijo: «No, no estoy bien». Eso es muy valioso porque es el primer paso para recuperar tu estabilidad.

Lo hizo Andrés en su momento; después le han seguido otros deportistas como Ricky Rubio, Álex Remiro, Simone Biles… Ese tipo de atletas, como personas que son, han necesitado tocar fondo para volver a reaccionar. La pregunta es: ¿de verdad resulta necesario llegar hasta ese punto tan oscuro? ¿No se puede levantar la mano antes y encontrar la ayuda necesaria para superar todas esas dificultades? Si fuera así, atenuaríamos la caída y podríamos salir con más rapidez, y mejor, de ese pozo. Por supuesto, teniendo en todo momento los instrumentos adecuados para resurgir. Sin ellos, ese camino de vuelta se hace mucho más largo y, a veces, ni siquiera sabes si estás en la ruta adecuada.

TOÑA

* * *

Es verdad que durante la temporada 2009-2010 tuve bastantes lesiones musculares. Y cuando me ponía bien, al poco recaía. Con el paso del tiempo y la ayuda de los especialistas, entendí, que todo estaba relacionado. Era duro, pero sabía que no podía rendirme. Al principio no sabes realmente por qué te pasa. Y ese desconocimiento agrava aún más la ansiedad. Era duro porque me afectaba en el día a día. Y no podía dejar de ser Andrés Iniesta. Es jodido porque con tanta lesión es como si a un coche le quitas las ruedas. ¿Qué sucede? Que no puede rodar. A mí me pasaba entonces lo mismo. Te lesionas, te recuperas y, de nuevo, te lesionas... Ese ciclo se repitió durante muchos meses, por lo que empecé a intentar buscarle explicaciones, y no solo médicas o físicas, sino de cualquier tipo. Por un lado, te expones, pero, por el otro, no puedes rendirte.

En esos momentos de máxima oscuridad, tenía que encontrar un punto positivo, algo a lo que agarrarme. Nunca, ni un solo día, y fueron muchos meses, me dije: «No, no quiero ir a entrenar. ¡Me quedo en casa y punto!». Así terminé hallando el anclaje necesario para encontrar un poco de luz. No era demasiada, claro. Y al principio menos aún. Pero en ningún momento llegué a aborrecer el fútbol. ¡Eso no pasó jamás! Puede que me hubiera gustado quedarme muchos días en mi casa, pero dentro de mí algo me empujaba a no rendirme. Y sabía, pese a que no estaba bien, que ese esfuerzo de acudir al campo de entrenamiento suponía un granito de arena más. No se veía al inicio, pero luego acabó saliendo todo. Tal vez empecé muy fuerte con la medicación, quizá demasiado, todo influye, pero sentir que quería ir a entrenar era como un pequeño y oculto triunfo para mí.

* * *

Eran como olas, le venían una detrás de otra. Suele suceder en los momentos de mayor éxito, aunque pueda parecer contradictorio. Cuando has conseguido el objetivo final, ese por el que has peleado años y años, es cuando te llega el bajón. Y la gente no lo entiende porque asocia que uno puede estar mal si tiene un problema personal, en el trabajo, de salud o de dinero, pero cuesta mucho comprenderlo cuando has logrado todo lo que querías.

INMA

* * *

En esos momentos oscuros, lo que deben hacer las personas que están al lado es enseñarles algo de luz. Una rendija de luz, por pequeña que esta sea. Pero en el caso de Andrés, por encima de todo, teníamos que tratar de escucharle y de entenderle. No preguntarle las causas. Tampoco enfadarnos por la situación o buscar culpables. No, no, no… Si él se encontraba en un estado depresivo, todos teníamos que ayudarle. ¿Cómo? Pues aceptando la situación. Lo peor sería ir en contra de la realidad. Además, es algo que no puedes controlar y, por lo tanto, no puedes cambiar. ¿Para qué hacerlo? Lo veías sufrir y comprendías que lo que tenías que hacer era estar a su lado más que nunca. Apoyarle, como hizo toda la familia.

Nunca tuve miedo de que no saliera de ahí. ¿Por qué? Porque conozco a Andrés y sé lo fuerte que es.

Mucho más de lo que se pueda pensar. Estábamos en un momento oscuro, pero veía siempre aquel pequeño hueco por donde entraba la luz. Y sabía que esa luz se acabaría haciendo cada vez más grande. Pero estaba inmerso en un proceso que tenía que superar.

Era necesario seguir todos los pasos. El primero y más importante, el de la aceptación. Éramos conscientes, Andrés el primero, de que no se verían resultados inmediatos en ese camino, pero también comprendíamos que, una vez aceptado el lugar en el que nos encontrábamos, él saldría reforzado. Sería una persona mucho más madura y más preparada. Lo tenía clarísimo. Y así sucedió. No hay mejor prueba de la fortaleza que ha tenido siempre Andrés, ya desde que era un niño.

ANNA

* * *

Anna me resucitó. Pero lo hizo desde el momento en que la conocí. Fue un flechazo. Me enamoré de ella completamente. Estaba viviendo entonces un período que no era nada agradable, pero Anna me devolvió la ilusión. Fue maravilloso haberme cruzado con ella en el camino.

* * *

No, no fui yo sola. Fuimos todos, y él también. Sin su fuerza nada habría sucedido. Pero la verdad es que esa conexión inicial fue algo muy fuerte. Siempre me dijo que había vivido un flechazo y que yo era el amor de su vida. Todavía hoy me lo sigue diciendo. En aquellos momentos no podía saber lo que estaba sucediendo en su cabeza. Ni tampoco lo que sentía. Pero con el tiempo me ha demostrado que esas palabras no eran vacías. Ha dejado claro con los hechos que era verdad. Y tenía razón en todo lo que me contó al inicio. Hay unas palabras que no para de repetirme, incluso ahora: «Un día te prometí que no iba a permitir que estuvieses triste y que no fueras feliz». Ese es Andrés, también en los malos momentos. Siempre está pensando en los demás y en que se encuentren bien. Y eso lo intentaba hacer hasta en esos períodos de oscuridad.

ANNA

* * *

Esa ola se acabó convirtiendo en un tsunami. Es entonces cuando debes parar, pedir ayuda, reflexionar y avanzar, a pesar de que te resulte muy difícil. Ese tsunami se instala en tu mente porque has ido acumulando ola tras ola, sumando pérdidas, y todo ello desprovisto de los referentes que necesitabas en los inicios. Es cuando tienes que asumir todos los duelos que has ido dejando en el camino, todos aquellos que no hiciste, y ahora, de repente, se te presentan de golpe. Aquellos que evitabas en su momento porque, si no, te detenías, te caías y te podías quedar en el camino. Las dos cosas al mismo tiempo no se podían hacer.

En la acumulación de vivencias no procesadas, sus consecuencias deben salir por un lado u otro. Da igual por dónde, pero tienen que hacerlo. Y, además, está muy bien que sea así para que no acaben repercutiendo en tu salud física. Está todo conectado, mucho más de lo que la gente se imagina. Todo lo que a nivel psicológico y mental no encuentra salida a través de la vía verbal, que es la más saludable y la más natural, se somatiza. Y el cuerpo envía mensajes de una enfermedad y de una serie de problemas físicos que muchas veces tampoco son entendidos. Aparece la pregunta sin respuesta: «¿Por qué?». Y la gente piensa: «¿Cómo puede ser, si lo tiene todo?».

INMA

* * *

A veces tienen que pasarnos cosas para que seamos conscientes de que existe una oportunidad de que ofrezcamos una mejor versión de nosotros mismos. Parece demasiado sencillo, lo sé, pero no hay más. No debes luchar contra aquello que no puedes controlar.

Claro que Andrés lo pasó mal, realmente mal. Yo estaba a su lado. Su familia también. Pero por muy cerca que estés, solo la persona que lo vive sabe con certeza todo lo que ha sufrido. Él, además, tampoco lo expresaba abiertamente, al menos al inicio. Luego ya sí. Yo también había tenido problemas de ansiedad, no a esos niveles, pero puedes entender lo que está viviendo la otra persona. Comprenderlo o acercarte un poco, aunque sin ver todo lo que pasa por su cabeza. Quien lo vive en primera persona lo sabe mejor que nadie, sin duda.

En los primeros días pensamos que lo podría gestionar él solo, pero era evidente que no. Andrés necesitaba la ayuda y el consejo de los especialistas para poder salir de esa situación. Nosotros solo teníamos que estar a su lado para acompañarle.

Si íbamos al cine y a los dos minutos me decía: «Vámonos, Anna; me están sudando las manos y me siento mal»; yo le respondía: «Por supuesto, Andrés», y nos marchábamos. Claro que pensaba en preguntarle: «¿Qué te está pasando?», pero no lo hacía. Nos levantábamos y nos íbamos a casa. Y si nos teníamos que quedar en el sofá horas y horas con las manos cogidas y sin hablar, pues lo hacíamos. ¿Por qué? Porque lo quería. Quería estar con él, quería lo mejor para él. No hay más. Luego me comía eso por dentro, pero exteriormente no podía hacerlo. Ni debía comportarme así. Era como una barrera que levantaba para protegerle a él. Bastantes problemas tenía ya… Lo único importante en esos momentos era Andrés. Quería que supiera que estaría ahí siempre, como su familia, cada uno gestionándolo de manera distinta, pero todos preocupados al máximo porque deseábamos lo mismo, que estuviera bien.

En ningún momento quitamos importancia a lo que estaba ocurriendo. ¡Eso jamás! Nunca escuchó de nosotros preguntas incómodas o reflexiones que le pudieran molestar del tipo: «Venga, que no pasa nada». ¿Cómo podríamos decir eso? Solo él sabía lo que estaba pasando en esos meses. «Andrés, estamos aquí para lo que necesites. Si nos tenemos que quedar ahí, sin hacer nada, nos quedamos. A veces sin cruzar una palabra. Juntos los dos».

ANNA

* * *

Toda esa ayuda me hizo mucho bien. Nunca tuve miedo, como dije antes, de ir a entrenar, aunque eso me expusiera. Pero también sabía que me ayudaría en el proceso. Eran como pequeños granos de arena con los que iba construyendo mi salida. Aunque me costase mucho, aunque no hablara con mis compañeros, aunque fuese al campo, estuviera cinco o diez minutos y me volviera de inmediato para casa.

Nunca renegué del fútbol, porque sabía que, si lo hacía, serían pasos que daba hacia atrás, y la dificultad habría sido aún mayor. Creo que la pelota me salvó un poco. Un poco o mucho. Quería estar junto al balón, aunque solo fuese un rato. Creía, y veía, que el fútbol me ayudaba. Poco a poco, pero me hacía bien. Primero a nivel mental, y luego, cuando contacté con Inma, todo cambió. Recuerdo que la primera vez que acudí a su consulta llegué diez minutos antes. Después, cada día iba con el tiempo suficiente porque entendí, casi desde el primer momento, que me estaba ayudando mucho.

* * *

Yo no sabía que estaba ahí abajo, en la portería, esperando a que llegara la hora exacta de su consulta. Venía cinco o diez minutos antes porque necesitaba contar todo lo que le estaba pasando. Me enteré cuando lo reveló en su autobiografía *La jugada de mi vida.* Leí que esperaba con muchas ganas ese momento de la hora de su sesión porque se convirtió, con el paso del tiempo, en algo muy especial. Muy pronto se dio cuenta de que le ayudaría a comprender lo que le estaba sucediendo.

Después de esos años, incluyendo su infancia, con el abandono de su pueblo camino de Barcelona, Andrés va acumulando y acumulando, hasta que se presenta un momento de máxima felicidad: su gol al Chelsea en Stamford Bridge. El proceso acumulativo de años acabó provocando todo ese episodio, unido, claro, a la muerte de Dani Jarque. Se muere su amigo y eso termina afectándole, es otro duelo que debe superar, y debe hacerlo jugando al fútbol. Es decir, sin tranquilidad ni recogimiento. No tiene su propio espacio físico ni emocional para hacerlo.

Andrés es, además, una persona tenaz y perseverante, que hace todo lo posible para conseguir sus objetivos.

Dijo que jugaría aquella final pasara lo que pasase, acortando de manera increíble los plazos de recuperación que le habían fijado los médicos. Y lo logró. Andrés jugó. Es algo característico de personas que han vivido estas situaciones. Otro, en un escenario similar, habría dicho: «Pues no. Yo no lo hago», pero Andrés no es así. Él está acostumbrado a hacer siempre lo que hay que hacer y no lo que conviene hacer.

En este sentido, Andrés es de ese tipo de personas a las que, a veces, hay que protegerlas de sí mismas. ¿Por qué? Porque están tan acostumbradas a remar siempre a favor de obra que lo necesitan. Lo tienen muy interiorizado desde la infancia. Y luego, cuando son adultas, continúan haciendo lo mismo, aunque eso vaya en su contra. Y estas situaciones son las que hay que vigilar. Por motivos profesionales, en numerosas ocasiones me he encontrado que el trabajo que debía realizar con algunas figuras excepcionales en su especialidad era protegerlos de sí mismos. Ellos creen que pueden con todo. Bueno, de hecho, han demostrado que pueden con todo. Están tan acostumbrados a poder con todo, sean las circunstancias que sean, que colocan por delante al objetivo. Primero, el objetivo; después, ellos. Y llega un momento en que eso pasa factura.

INMA

* * *

Me encantaba ir a hablar con Inma. Me sentía muy bien. Es verdad que en las primeras sesiones iba todo más despacio. Pero luego todo fluía. En esos momentos entendí que si no estás bien mentalmente puedes rendir, pero no al máximo nivel, y, sobre todo, disfrutar de ello, que es lo realmente importante. Claro que lo sabía, pero hasta que no vives una situación así no sabes de verdad cómo te puede afectar.

Cuando te empiezas a lesionar crees que todo se reduce a un problema puramente físico, pero no, no es eso. Es algo mucho más complejo. Lo emocional está conectado con todo lo que sucede en nuestro cuerpo. Si te lesionas de un gemelo, piensas que el problema radica en la pierna, cuando, en realidad, puede proceder de otro lugar de tu cuerpo, quién sabe si de la cadera o si es porque pisas mal, y eso acaba afectando a tus músculos.

Al final, todo se iba mezclando en mi cuerpo y en mi cabeza. Era una situación muy delicada. ¡Jodida! No sales de una lesión y ya estás metido en otra. Y te sientes muy débil mentalmente. Perdí la confianza, perdí lo que había sido el motor de mi vida. Me resultaba muy duro tener la sensación de que no era yo. Me aterraba, se me hacía insoportable, y la bola era cada vez más grande. Ahora entiendo que la gente que había a mi alrededor no comprendiera lo que me estaba pasando. Al menos, al inicio. Luego sí supieron que se trataba de algo muy complicado, que necesitaba la ayuda de todos y, por supuesto, de los especialistas para salir adelante. Mientras, el Andrés que todo el mundo conocía se iba quedando vacío por dentro.

* * *

¿Y cómo se reconstruye todo esto? Pues haciendo lo más sensato, acudiendo a un profesional y diciéndole: «Mira, me ocurre esto y no entiendo por qué». Es normal que a una persona le cueste comprender lo que le está sucediendo. A veces ocurre de forma imprevista, a veces aparece de forma más gradual, pero en ningún caso se entiende. Cuesta asumirlo, pero no solo a quien le está pasando, sino también a su núcleo más cercano. Nadie puede comprender que una persona exitosa, en este caso en el fútbol, que es supuestamente a lo que mucha gente aspira, diga: «¡No puedo más!». Entonces todos se miran, incluido el que lo sufre, pensando: «¡Pero ¿cómo?, si has podido siempre con todo!».

Además, existe otro problema añadido, con un doble inconveniente. Por un lado, es muy difícil, sobre todo al principio, que pueda compartir con nadie esa sensación desagradable de no sentirse bien y que se ve incapaz de hacer aquello que tanto le gusta y por lo que ha luchado durante toda su vida. Pero, por el otro, es precisamente eso lo que le ha obligado a renunciar a muchas cosas y a no vivir otras que le correspondían. Es decir, a llevar una vida normal.

Es algo difícil de entender. «Esto es lo que más me gusta, pero empiezo a sentir que, quizá, también es lo que de alguna manera me hace daño». Pero ¿quién se lo explica a la familia o a algún amigo? ¿Quién le dice que no puede hacer lo que más le gusta, jugar al fútbol, porque no se siente bien? En estos casos, tú siempre has sido el más fuerte, el que ha conseguido todo, el que ha logrado derribar esas barreras que se te han puesto por delante, incluso siendo un niño. Es como si no tuvieras el derecho a no estar bien. Y tu entorno se asusta mucho al verte así. ¡Es normal! Si tú, que eres una persona fuerte, obstinada, tozuda, ahora te derrumbas…, ¿qué han de hacer los demás entonces? Se asustan, y con razón, porque no entienden lo que pasa. Ni lo entienden ni, por lo tanto, saben qué hacer. Pero es algo normal en este tipo de procesos.

INMA

* * *

Recuerdo aquel día en Estados Unidos. Estábamos haciendo la pretemporada con el Barça y yo venía de los problemas físicos acumulados en el final de la pasada temporada. Se me acercó Puyi [Carles Puyol] y me contó que había hablado con Iván de la Peña.

—Me ha dicho Iván que Dani ha muerto.

Me quedé sin palabras y solo atiné a responderle:

—¿Seguro? ¿Está confirmado?

Me quedé helado. Luego, de regreso a Barcelona, viví unos días terribles porque Dani era mi amigo desde hacía mucho tiempo. A partir de ahí todo se precipitó… Todo se volvió muy oscuro.

* * *

Cualquier cosa termina influyendo en procesos como el que vivió Andrés. Y noticias así los aceleran. Hay que tener en cuenta que se acumula un desgaste desde hace tiempo. No te ocurren cosas y, cuando pasan, dices: «¡Ya está, ya se han evaporado!». No, no funciona así. El desgaste se queda contigo y va formando una base que continúa sedimentando, por lo que cada vez se vuelve más grande.

Inma

* * *

No sé aún cómo explicarlo de forma precisa. Pero seguro que las personas que han vivido una situación como esa y me están leyendo ahora pueden entenderme. Es como si, de pronto, la mente y el cuerpo se desconectasen. Se aíslan y se alejan al mismo tiempo. Entras en una situación en la que no habías estado antes. Ni te lo imaginabas. Tuve la inmensa suerte de tener al lado a toda mi familia. Siento, y ahora todavía con más certeza, que sin ellos —Inma, Anna, mis padres— no habría sido posible nada. Fueron momentos ingratos, desagradables, difíciles, porque nunca antes los había vivido. Ni yo ni ellos. Y todos tuvimos que aprender a gestionarlos. Me había quedado vacío.

* * *

Es difícil para todos. En esas circunstancias, las personas que están alrededor de aquella que siente tanto malestar se asustan, como decía antes. ¿Y qué hacen? Lo que en psicología se llama *acting,* es decir, una actuación. Las personas que están alrededor del que no se siente bien piensan que, si no hacen o dicen algo, el dolor que manifiesta el afectado se prolongará durante más tiempo y llegan a creer que esa incertidumbre se va a perpetuar. Es entonces, sobre todo al principio, cuando empiezan a actuar. Dicen esto, hacen aquello, dan consejos, pero eso no es siempre lo mejor que se puede hacer porque la persona que está compartiendo su dolor lo único que quiere es que la escuchen. No desea que le digan nada. Y parece que en ese momento no la escuche nadie.

Gestionar estos problemas es difícil para el entorno de quien los sufre, porque le resulta muy difícil compartirlos y, cuando lo hace, normalmente, llora y concluye que la vida no tiene sentido. En esos momentos, nadie de su alrededor se queda callado, escuchando y sin intervenir. Al contrario, siempre con buena intención, hablan: «¿Pero cómo puedes decir esto? No, no pasa nada. Lo que tienes que hacer es salir. Diviértete, distráete…». ¡Como si fuera tan fácil! La persona que lo vive no quiere que le digan nada, tan solo que la escuchen. Y esa dificultad es mayor cuando se trata de personas que han conocido en sus ámbitos laborales.

Hablo en general, no del caso de Andrés, donde toda la familia, y desde el primero al último, se puso a trabajar para solucionar la situación. Venían a verme todos, no solo Andrés. Era duro para él, era duro para su entorno más cercano, porque es difícil aceptarlo, pero tampoco era su responsabilidad.

INMA

* * *

Claro que no fue nada sencillo. Pero muy pronto vi que estábamos avanzando. De ahí las ganas que tenía de venir puntual a la consulta de Inma. Estaba deseando que llegara ese momento porque era muy especial para mí. Me sentía bien con ella. Y me daba cuenta de que me hacía bien.

Me acuerdo, por ejemplo, de un partido que jugamos en Tenerife. Debía de ser enero de 2010. Estábamos en mitad del proceso. Ganamos 0-5, creo. Y mi sensación es que me encontraba feliz. Feliz porque, dentro de la situación que estaba viviendo, creía que había jugado bien. No como yo siempre me exigía, pero sí entendí que tenía un buen nivel. No el del Andrés Iniesta de siempre, pero dentro del proceso era un pasito más. Y cada pasito era algo muy importante. Ya había visto un cambio. Pequeño, eso sí, pero muy valioso.

Llegamos a Barcelona, cojo el coche en la ciudad deportiva y de regreso a casa pongo la radio. Estaban hablando del partido y haciendo eso que llaman el «uno por uno», y se detienen en mi actuación. Yo estaba superfeliz. Viniendo de donde venía y estando como estaba. Creo que me calificaron de flojo. Flojo y gris. Y pensé: «No, no, por favor. Si he estado muy bien, teniendo en cuenta cómo me encuentro». Me sentó mal escuchar eso porque sabía que estaba haciendo un esfuerzo titánico a nivel personal, con toda mi familia detrás, y que nada de eso se veía fuera.

La felicidad me duró poco. Ya sé que la gente te valora por lo que ve, y te califica o define por tu rendimiento. Pero estaba inmensamente feliz por lo que había vivido en el campo después de esos meses tan duros, y luego escucho eso y pienso: «Pues me quedo en mi casa y ya está». Menos mal que ese pensamiento duró muy poco. Yo no soy así. Sabía que estaba avanzando y que no podía detenerme, aunque desde fuera no percibieron esos pequeños y, a la vez, grandes cambios. No los apreciaron ni los valoraron porque no sabían, como dice Inma, de esa doble vida, que era muy difícil en momentos tan delicados.

* * *

Nos acostumbran a pensar que en la vida todo será siempre de una manera y, cuando debes enfrentarte a otra bien distinta, no tienes las herramientas necesarias para hacerlo. Ellos lo entendieron desde el principio. Todos se pusieron a trabajar. «¡Vamos todos juntos! —me dijeron Mari, Anna, José Antonio, Maribel, Juanmi…—. Necesitamos entender qué está pasando para poder ayudar mejor a Andrés». Fue un «rescate colectivo». Cada uno a su manera. Uno con un manguito, otro con un flotador, otra agarrando a los demás.

Fue, y es algo muy elogiable, una obra de todos, porque solo así se garantizaba que el resultado sería el adecuado. Sí, se puede decir así, fue un trabajo muy de artesanía. Llegar y escuchar. Escuchar, mirar y observar. Y, tal vez, al séptimo u octavo día empezar a introducir la herramienta adecuada para hallar pequeñas soluciones que, al final, son grandes. Con el problema añadido de que Andrés tenía una doble vida. Si esto le pasa a cualquier otra persona, sin la visibilidad mediática y pública de él, se va a su casa y se queda allí encerrado. Con Andrés no. Esa doble vida la ha tenido que llevar desde que era un niño. Pero, en su caso, todos venían impulsados por el deseo de ayudarle.

Todos poseían esa sabiduría popular necesaria para entender la dimensión del problema y enfrentarse a él. No preguntaban por qué había pasado ni tampoco perdían el tiempo en buscar culpables o responsables. Venían, se sentaban y decían: «Estamos aquí para saber lo que tenemos qué hacer. Y lo que nos digas, Inma, lo haremos». Y lo hicieron. Andrés el primero.

INMA

* * *

Me salvó el balón. No tengo ninguna duda. Nunca tuve miedo de ir a entrenar y menos aún de jugar al fútbol. Cuando veía la pelota encontraba un estímulo para seguir trabajando. Y con más energía todavía. Lo daba todo. El doscientos por cien. Sentía y percibía que el balón me hacía mucho bien, aunque eso implicara exponerme, tanto delante de mis compañeros como delante del público. Y lo asumía porque veía que estar en el campo me ayudaba, y sabía que el fútbol me animaba. Aunque solo fuese un rato, pero era muy valioso para mí. El deporte siempre ayuda, y en este tipo de situaciones, más. Poco a poco notaba esos avances hasta que, al final, y con el apoyo de todos, logré superar los problemas. No sé cómo les funcionará a otras personas que viven procesos similares, pero lo que sí sé es que a mí me resultó fundamental la asistencia de los especialistas, aquellos que tienen el conocimiento y el talento para darte lo que necesitas en esos momentos de oscuridad.

¿Por qué quise verbalizar mi problema después, una vez había pasado todo? Porque es una parte de mi vida y no tiene ningún sentido esconderlo, por mucho que lo pasara realmente mal. Es verdad que marqué el gol en Stamford Bridge y que jugué lesionado la final de Roma, y todos lo saben. ¿Y por qué no debía hacer lo mismo con este proceso? Hasta entonces nadie lo sabía. Pero en aquel primer libro que escribí, *La jugada de mi vida,* entendí que era el momento adecuado para hacerlo público. Si estoy explicando cómo soy y qué he hecho, ¿por qué callarme? Soy así. Así en todo. Explico los problemas con naturalidad y como una experiencia más de mi vida.

Hasta ese momento solo conocían mi problema las personas que lo tenían que saber. Después se hizo público y luego lo volví a verbalizar en televisión. Pero desde la tranquilidad y la naturalidad de cualquier persona que ha vivido, sufrido y superado lo que me pasó a mí. Lo comparto con la gente que lo quiera leer. Igual que ahora, cuando tengo un mayor conocimiento de lo que sentí en aquellos momentos, que puedo explicar más cosas aún. Pero no lo hago con ánimo de dar ejemplo ni de ser modelo para nadie. No, ni mucho menos. Cada caso es distinto. Y el mío fue de esta manera. Simplemente es el deseo de compartirlo con los demás, y si, además, puedo ayudar a cualquier otra persona a sentirse mejor, ¡sería increíble!

Es verdad que después de hacer público mi problema mucha gente me ha dicho que se ha sentido con más energía para verbalizarlo y dar un paso adelante en la búsqueda de soluciones, como hice yo en su momento. ¡Genial! Creo, además, que en los últimos años este mundo ha cambiado mucho, y para bien.

Ahora hay ya muchísimos deportistas que expresan públicamente sus problemas, sus miedos, sus angustias… Yo, por ejemplo, hablo a menudo sobre esto con un par de jugadores. Álvaro Morata es uno de ellos. Lo dijo él públicamente, y se lo agradezco mucho. Si esto ayuda, por poco que sea, ¡es algo maravilloso!, porque cuando te sientes en una situación así, y lo digo ahora con la calma y la perspectiva que me proporciona el tiempo, lo que quieres es que quien esté en frente de ti empatice contigo, y al menos te entienda. Y, sobre todo, que escuche todo lo que compartes con él. Eso te ayuda mucho, hace que te sientas comprendido, mucho más de lo que tu interlocutor pueda imaginar.

Si alguien te confiesa: «¡Ostras, estaba en un sitio, sentí algo y me tuve que ir!», tú le puedes responder: «A mí me pasó lo mismo. Es normal. Tranquilo, estás viviendo un proceso en el que cualquier *input* externo te genera eso. Y si te tienes que ir, te vas y no pasa nada». Estas simples palabras pueden hacerle pensar: «Hay alguien que me entiende». Y ya es mucho, porque lo más habitual es que te digan: «¡Pero ¿cómo te vas a ir?! ¡Aguanta! No estás bien, pero aguanta». Sin embargo, si te encuentras con una persona que te dice justamente lo contrario, percibes que estáis hablando el mismo lenguaje, y eso te tranquiliza un montón. Esa persona genera en ti una sensación positiva y de confort. Te calma y, al final, sales mejor persona porque te has conocido mucho más en esos momentos de oscuridad. Yo terminé encontrando esa luz.

Solo hablo de mi experiencia. No quiero compararla con la de nadie, ni dar ningún tipo de lección. Tampoco pretendo ofrecer fórmulas mágicas, pero si puedes tener una continuidad, una vez superado ese proceso malo, pues mucho mejor. Tienes que entrenar la mente igual que entrenas tu cuerpo.

4
Resurgimiento
(Barça+España)

A veces, y cuando menos te lo esperas, te enfrentas a situaciones que no habías vivido antes. Y todo lo que sucede a tu alrededor acaba influyendo en el campo. Es inevitable. Venía de mi mejor año después de superar diversas dificultades, con lesiones que me habían ido frustrando. Pero, al final, debes esforzarte para conseguir los objetivos. No sabía dónde iba a entrar justo después de aquella gran primavera de 2009. No era consciente entonces de que todo se iba a complicar más, pero pronto intuí que necesitaría ayuda para superarlo. Solo jamás habría podido. Y en aquellos días oscuros solo pensaba en poder tomarme aquella medicación para dormir y descansar. Era el primer paso. Un paso imprescindible.

* * *

Le dije: «¿Te gusta el fútbol? Si no te gusta, no lo vas a entender». A mí me encanta, soy del Barça. Recuerdo un día en que iba a impartir una charla en un congreso. Era cerca de las fechas navideñas. Entonces, cuando iba al colegio a recoger a mis hijos, me llamó mi secretaria y me dijo que acababa de llamarme Andrés Iniesta porque no encontraba mi libro en las librerías y quería hablar conmigo. Como no pudimos comunicarnos, le dijo que me enviaría un correo electrónico. ¡Andrés Iniesta!, el jugador que marcó el gol del Mundial 2010, el que nos dio el título para España. Ese tanto que había escuchado decenas de veces en aquellas guardias que tenía en el hospital. Día y noche. Un gol que había oído en todos los idiomas porque sentía que me animaba y me daba tranquilidad. «¡Sí, el mismo!».

Acabada la charla, me metí en el coche y actualicé mi bandeja de entrada, pero no me llegaba nada. Al día siguiente volví al colegio de mis hijos porque había una función navideña, y la directora aprovechó para contarme que la tarde anterior unos niños se habían peleado. Recuerdo que casi no le prestaba atención y que ella me miraba con mala cara. No entendía que yo tuviera esa reacción tan rara y extraña. Yo estaba como «flotando». Y justo en mitad de la función, recibí ese esperado y deseado correo. Fue entonces cuando me dirigí a ella y le dije: «¿Te gusta el fútbol? Si no te gusta, no lo vas a entender». Esto es la vida. La felicidad es la capacidad de conectar de la mejor manera posible con el presente.

MARIAN

* * *

El fútbol siempre ha estado presente en mi vida. Desde pequeñito, cuando jugaba en la pista de mi colegio en Fuentealbilla, hasta el final. Bueno, «final» no es la palabra adecuada porque este deporte nunca va a dejar de formar parte de mi vida. Y mi carácter y mi personalidad han estado marcados en todo momento por lo que he visto y he aprendido con mis padres.

Nunca me he rendido. Ese espíritu lo tuve desde el inicio, con aquel desgarro que vivimos todos en La Masía, y después, aunque todo fue bien en mi carrera, con lo que sucedió antes del Mundial. Esa es mi personalidad. No tengo otra. No sé rendirme ni claudicar. He afrontado los escollos como vienen, buscando soluciones lo antes posible. A veces he necesitado tiempo; otras, no tanto. Pero sabía que ese era el único camino real para intentar superarme. No hace falta mirar a los demás, todo está dentro de ti. Se trataba de superarme a mí mismo, y eso no implicaba que no me encontrara con dificultades y que pasara por malos momentos. ¡Por supuesto que los ha habido!

No los perdía de vista, no los olvidaba, pero entendía que, si yo no lo hacía, nadie lo haría por mí. Por supuesto, había días en los que me entraban ganas de dejarlo todo, de tirar la toalla, de renunciar, de rendirme, pero siempre encontraba un motivo que me salía de dentro para empujarme a decir: «No, no, no... ¡Aquí no se rinde nadie!». Esas situaciones tan delicadas al mismo tiempo te van transformando. Y yo creo que para bien. Pero cuando no encuentras las causas reales de lo que te está pasando, inevitablemente te preguntes: «¿Por qué? ¿Por qué justo ahora?».

Todo forma parte de un continuo aprendizaje hasta que te conoces mejor. Y con el tiempo, una vez asumidas las experiencias, vas mejorando como persona. Tienes una mayor capacidad para manejar ciertas situaciones de una manera muy distinta. Al final, cómo has crecido y lo que has vivido es lo que te hace tener unas características y una forma de ser y actuar que te ayudan muchísimo. Son muy potentes y muy positivas para mí.

Creo, además, que la necesidad mueve montañas, porque te obliga a buscar esa salida. Cuando no la encuentras, debes recurrir a otros mecanismos. Pero yo sí sentía esa necesidad. Lo viví así desde el primer día.

Ahora mis hijos disfrutan de unas facilidades que nosotros nunca tuvimos. También yo tuve unas ventajas de las que mis padres no gozaron en su momento. Y no se trata de comparar, sino simplemente de constatar las diferencias. Solo eso. Para ellos es mucho mejor porque nosotros intentamos que cuenten con los mecanismos necesarios para saber cómo es la vida. Ellos pueden aprender más para mejorar, pero nunca tendrán que enfrentarse a una situación similar a la que pasamos su madre y yo. ¿A qué me refiero? A la necesidad de avanzar como fuera para conseguir nuestro propósito. Ellos, en cambio, tienen que hacerlo de otra forma.

El mundo ha cambiado muchísimo, pero creo que lo más importante es no rendirte en ningún momento. Es algo que llevamos dentro, no es algo artificial o impostado. A tu hijo o a tu hija no le expliques que debe llevarse un balón de casa para poder entrenarse. No lo entenderán nunca porque cuando llegan al campo de entrenamiento hay balones por todos lados. Ahora tienen veinte pelotas cada uno. Nosotros no. O llevabas una de casa o no jugabas. Es así de simple. Esas cosas que ahora, tal vez, no se pueden entender te obligan, a nivel educativo y comportamental, a encontrar nuevos registros para que las puedan visualizar de alguna forma o sentirlas así.

¿Una palabra para definirme? Trabajador, sin duda. Trabajador y con mucha determinación y convicciones. Sin trabajo y sin esfuerzo es muy difícil lograr nada. Puedes tener el mayor talento del mundo, pero eso, como ya he explicado, no basta. Lo que marca la diferencia es el trabajo. Si sumas uno y otro, evidentemente, agrandas tus posibilidades. No hay secretos ni fórmulas mágicas. Si quieres persistir y tener continuidad a lo largo del tiempo, debes sustentarlo en el trabajo diario, algo que parece que se ha perdido un poco en los últimos tiempos. Ahora todo es más breve, más fugaz, menos estable. Todo ha de ser rápido e inmediato. Puedes conseguir algo hoy, pero si lo quieres mantener, debes hacerlo como antes, o intentar, al menos, que se asemeje.

Por eso resulta básico entrenar la mente. Tienes que hacerlo con el objetivo de obtener mecanismos que te sirvan para afrontar determinadas situaciones o, por lo menos, para tratar de entenderlas. Luego, cada uno se las ingenia como puede. Para mí, si quería encontrarme mejor, lo más importante era verbalizarlo, compartirlo, comunicarlo... Fue fundamental y me hizo mucho bien. Eso y no tener miedo de contar lo que me estaba pasando y los sentimientos que me inundaban en esos momentos.

Hay algo que aprendí: «Si hoy tengo menos alegría o menos energía o fuerza, acéptalo». Debes admitir que no todos los días estarás excelso o que te sentirás maravilloso. No siempre puedes alcanzar la perfección. Si no lo aceptas, estás fingiendo y haciendo algo que no quieres. Pero no debe confundirse con un pasotismo absoluto y un «me da igual todo porque puedo decir lo que quiera sin importar con quién esté». No, no es eso. Hay unos límites. No hay que confundir las cosas.

Otro mecanismo mental positivo que aprendí es pensar en uno mismo. Se trata de una cuestión primordial. Para poder estar bien con los demás es necesario estarlo contigo mismo. Es lo que Inma llama «egoísmo altruista». Y también es necesario aprender a decir «no» algunas veces, cuando toque. Y rodearte en todo momento de la gente que te hace bien. La felicidad te viene de lo que generas en las otras personas. La felicidad es eso. El placer es el momento, es algo instantáneo. La felicidad es lo que dura y lo que proyectas en otros.

* * *

Hay gente que tiene esa capacidad y esa sensibilidad para determinar las cosas que son importantes. En nuestro mundo actual, se nos está robando la atención, que es nuestro bien más valioso. «Donde ponemos la atención, ponemos nuestra energía». Nos bombardean con una gran cantidad de estímulos, de «estresores», de redes, de información a la que parece que estás obligado a dar una respuesta inmediata, y eso nos desgasta mucho porque empleamos nuestra energía física y mental. Todo esto colapsa la posibilidad de llegar a dar un sentido a nuestro día a día y lograr una vida más auténtica y verdadera. Es como si un nuevo estímulo bloquease al otro sin poder detenerse para filtrar y hacer una selección de lo realmente importante. Pararse es lo más productivo que hay, aunque en el mundo del deporte pueda ser difícil detener tanto el cuerpo como la mente.

Por eso hay deportistas que verbalizan que han tocado fondo al tiempo que se convierten, sin quererlo, y ese es el caso de Andrés, en líderes y referentes. Él tiene claras las cosas importantes porque ha vivido todo un proceso en el que, además, se ha visto expuesto a mucha presión, exigencia y visibilidad. Creo que en este sentido ha tenido la capacidad de conectar con mucha gente porque, poco a poco, ha ido destapando todos esos problemas. Los ha sacado, los ha enseñado y los ha mostrado. Y eso, quieras o no, nos conecta a todos como «seres humanos» en la grandeza y en la vulnerabilidad que tiene también el deportista... *Altius*, *fortius*, pero humano.

Toña

* * *

Es curioso lo que me sucedió. Si lo piensas fríamente, es algo increíble. Mi peor año a nivel personal se convierte, casi de forma contradictoria, en el mejor a nivel deportivo. Es uno de los períodos más grandes en mi carrera futbolística. Logré salir de una situación muy oscura, y hoy percibo y sé que todo ese período me ayudó a transformarme en una persona más completa. Me ayudó a aprender, a crecer y a entenderme. Y también me sirvió para conocerme mucho mejor. Además, debía hacerlo en plena competición, con una tensión permanente. Tenía que jugar un Mundial y ¡ganarlo! Esa tensión podría haber hecho que todos los problemas físicos y mentales que viví en aquella temporada no me dejaran llegar a tiempo.

Tuve, como es lógico, impaciencia y angustia. Pero también ejerció de motor de impulso para alcanzar lo que estaba persiguiendo. No entiendo lo uno sin lo otro. Cuando te ves tan perdido, tan bajo, tan mal, tan poca cosa…, sin ningún sentimiento, pero luego remontas y empiezas a darte cuenta de que cada vez eres un poco mejor y que tienes más energía, sientes un impulso increíble.

* * *

Estando con Andrés detectas algo que le hace realmente distinto, y es esa capacidad que tiene de enfrentarse a los retos, de mostrar lo que son, supuestamente, debilidades, aunque él las transforma en fortalezas. Nadie ha visto nunca que tuviera un comportamiento inapropiado, ni siquiera en esos malos momentos. Nadie ha dicho de él que es un chulo o un prepotente. No lo pueden decir porque no lo es ni lo ha sido. Jamás ha ido de sobrado ni se le ha subido el éxito a la cabeza. En ningún momento. No se trata de trofeos ni tampoco de goles. Va mucho más allá de todo eso. Su verdadero éxito es otro.

Andrés, igual que Anna, es una persona de una exquisita sensibilidad y posee una gran ternura, cuida muchísimo los detalles. Por eso se llevan tan bien. Por eso son tan discretos. Por eso han creado una armonía en su relación y en lo que ellos mismos llaman «tribu», con sus cinco hijos. Buscan que exista siempre armonía en su casa; es algo maravilloso. Demuestran que pueden vivir en pleno éxito siendo una excelente madre y un excelente padre. No tienen por qué cambiar su actitud, ni tampoco convertirse en unos referentes negativos, aunque tengan sus altibajos, como le puede pasar a todo el mundo. Pero saben protegerse y proteger a los suyos.

Yo he tratado a diversos deportistas durante muchos años, pero con Andrés la conexión ha sido especial desde el principio, cuando ni siquiera habíamos hablado. Aquella llamada, aquel *mail* que no llegaba... Normalmente, ante un deportista, da igual si es futbolista, tenista, jugador de baloncesto, piensas: «Es un guerrero». Pero cuando miras a Andrés no aprecias ese espíritu de guerrero. No tiene una mirada agresiva. Nunca se ha comportado de manera extraña o violenta.

Tampoco su fútbol es brusco. Está siempre conectado consigo mismo. Tiene, y no soy una especialista en este asunto, un fútbol tranquilo, pausado, calmado. Como si no perdiera nunca el control. No le ves jamás una pose belicosa. Otros necesitan esa parte desafiante de su espíritu para salir adelante; Andrés no. Él lo hace todo desde la tranquilidad, esquivando en todo momento la tensión. Necesita lo contrario: vivirlo todo en calma, estar a gusto consigo mismo, con su paz interior. Hay gente que rinde desde la tensión y hay otra, aunque menos, que lo hace desde la calma.

MARIAN

* * *

Él es una persona silenciosa. Hay muchos que van por la vida con altavoz. Andrés, sin embargo, es como si tuviera un silenciador. Tiene una capacidad panorámica increíble para detectar todo lo que sucede a su alrededor. Eso ya se veía en el campo, pero yo hablo de lo que hace fuera. En el terreno de juego, y esto ya me lo dijo en su día Frank Rijkaard, tiene una mirada de trescientos sesenta grados. Me acuerdo que una vez me comentó: «Inma, hay tres jugadores muy pequeñitos que son impresionantes. No te puedes hacer una idea. Ni lo que van a llegar a ser». Estaba hablando de Leo Messi, Xavi Hernández y Andrés Iniesta. Y yo, que no entiendo de fútbol, los veía tímidos, menuditos, discretos… Eran tres personalidades parecidas, pero, a la vez, diferentes, que tenían también unos valores muy especiales. Y no me refiero solo a los deportivos, sino a otro tipo de valores.

INMA

* * *

Cuando pienso en Andrés, me viene a la mente la imagen de un pajarito en medio de la tormenta. Hay un cuento en el que se explica esta historia.

Una calma atenta. A su alrededor no para de llover, con rayos, truenos y todo tipo de tormentas, y él, en cambio, ni se inmuta. O eso parece. Está tranquilo, o esa es la sensación que transmite a los demás. Está calmado, callado, observa… Van pasando entrenadores, van pasando compañeros, y él sigue ahí arriba sin moverse, ganándose el respeto de todos los demás por su forma de ser. No sé a qué se debe. Tampoco sé si es algo genético, heredado de su madre o de su padre. Ahí, en Andrés, creo que se concentra el concepto del deportista que va buscando un sentido a todo lo que está haciendo.

Yo lo emparento con lo que escribió en su día Viktor Frankl, que fue un neurólogo y psiquiatra austriaco, fundador de la logoterapia, también considerada la tercera escuela vienesa de psiquiatría. De origen judío, logró sobrevivir a varios campos de concentración nazis durante la Segunda Guerra Mundial. Después publicó un libro con un título que lo resume todo: *El hombre en busca de sentido*.

Creo que Andrés, en su nivel futbolístico y deportivo, ha intentado dotar de un sentido especial a todo lo que hacía en el campo. Ha desarrollado los valores de la sensibilidad hacia el entorno, por complejo que sea, en el que se ha movido. Ha tenido empatía, cooperación, un propósito. Es, digamos, la «calma perfecta».

TOÑA

* * *

Andrés es calma, aunque al mismo tiempo eso implique tensión para él. Tensión oculta, porque no se aprecia a primera vista. Ni tampoco en su juego. Él es un gran observador. Desde su calma observa, observa y observa. Y entra luego, pero cuando debe hacerlo. En el momento en que él considera más oportuno. Tiene una intuición especial. Hay gente que actúa y luego piensa. Andrés no. Él vive en la pausa y en la calma. Recomiendo que miren cómo se comportó en aquella final de la Champions de Roma contra el Manchester United o en la del Mundial que jugó España ante Holanda. Que aprecien cómo se mueve en esos escenarios en los que algunos jugadores, y todos son deportistas de élite, no tienen esa visión de trescientos sesenta grados para dominar el escenario, por muy angustioso, tenso y lleno de nervios que sea. Sabe que, si él se pone nervioso, al mismo nivel de los otros, rinde peor. Por eso tiene ese autocontrol.

¿Cómo lo ha conseguido? Pues conociéndose cada vez más y más. Primero su cuerpo, que podría ser lo más sencillo, y luego su mente, que es, sin duda, lo más complejo. Trabaja mucho su equilibrio interno. Y eso se nota. Hay gente que piensa que no se puede triunfar en la vida si no eres alguien agresivo o visceral. Seas futbolista, director de una empresa, profesor, doctora... Y Andrés demuestra que desde un plano más calmado, teniendo la capacidad de bajar la velocidad de todo lo que pasa, puede conseguirlo.

MARIAN

* * *

Siempre he sido más una persona de escuchar que de hablar, eso es cierto. Me ha encantado observar todo el panorama. Miras, escuchas y sientes, al mismo tiempo, todo el *feeling* que te irradian las otras personas. Soy de darle muchas vueltas a las cosas, de procesarlas al máximo. Y de ir un poco más allá, incluso. Pero, una vez he logrado asimilar todo, tomo la decisión que considero más correcta. Entonces, si tengo que hablar, hablo. Si tengo que actuar, actúo. ¿Intuición? Tal vez.

Mi fútbol siempre ha sido así, muy intuitivo. De adelantar las situaciones, de interpretar el desarrollo futuro de las jugadas, de percibirlas segundos antes. No sé si se puede explicar en términos científicos, pero sí sé que existen determinadas conexiones, no sé si racionales o no. Eso lo sabe mucho mejor Toña que yo. Hay cosas que tengo en la cabeza y luego, en mitad de un partido, me aparecen de forma instintiva. Es como si estuvieran guardadas en mi mente esperando el momento exacto para salir. Por eso siempre he dicho que mi juego es igual al que tenía en la pista de Fuentealbilla. Sí, es cierto que he pasado por La Masía, la mejor academia de fútbol en la que uno pueda estar, pero en esencia yo sigo siendo el mismo. Sigo siendo el niño de mi pueblo. Me sigo comportando igual en un campo. Lo que hacía en aquella pista de cemento del colegio es lo que luego he podido replicar en los mejores estadios del mundo.

* * *

Tras haberme dedicado a la fisiología y a la nutrición durante muchos años —en el Barça es donde coincidí por vez primera con Andrés—, ahora lo que estoy estudiando, y con mucha profundidad, es la energía. Una energía que está en los alimentos. Y una energía que está, aunque antes no se sabía tanto, en los propios deportistas. Es una parte, tal vez, un poco trascendental, que incluye al espíritu. Decimos que somos cuerpo, mente y espíritu, algo que hasta hace algunos años se contemplaba solo desde el sentimiento de la religiosidad. Ahora, en cambio, no es así.

Antes se cuidaba solo el cuerpo, pero ahora cuidas todos los detalles porque para ser el mejor en el deporte no solo necesitas del talento natural. Ese talento te hace llegar al *ikigai,* un término japonés que significa, literalmente, «razón de vivir» o «razón de ser». Es un concepto que engloba, en realidad, un propósito de la vida o una actividad que nos hace muy felices, que se nos da bien y, al mismo tiempo, que ayuda a contribuir a nuestra comunidad. No es algo que venga regalado ni un don natural. Es una conquista. Andrés no solo hace bien su trabajo y genera felicidad, sino que, además, va marcando una serie de puntos a lo largo de su trayectoria que, al final, terminan uniéndose. Son migas de pan que trazan un camino. Una especie de conexiones en la búsqueda de crear algo que trascienda. Si lo haces bien, aún se te escuchará o mirará con más atención, ya que provocas un valor añadido.

En el ámbito de la neurociencia y del estudio del cerebro como organizador de todo, se ha demostrado que existe una energía que va más allá, que nos conecta a todos. Hay muchos profesionales que están trabajando en esa dirección porque esa parte de la energía da trascendencia a una serie de cosas que nos unen.

La neurociencia te dice, además, que hay tres cerebros. Siempre hemos pensado en el cerebro craneal, el que está dentro del cráneo, como el motor de todo. Tiene mucho peso, por supuesto, porque alberga 86.000 millones de neuronas. Es, con diferencia, el que más tiene. Luego está el segundo cerebro, que ahora está generando mucho interés. Es el intestinal, y lo llaman así porque las emociones se notan en la tripa. Tiene 100.000 neuronas. También se está abordando la existencia de un tercero, como un minicerebro que se encuentra en el corazón y que contiene 40.000 neuronas. Es el más pequeño, pero hay gente que tiene la capacidad de pensar con el corazón.

O sea, que, cuando hablamos de la intuición o de adelantarse a lo que va a suceder, aquí está el origen. «Está pensando con el corazón», y el cerebro, el craneal, como nosotros lo entendemos, lo único que hace es racionalizar lo que estás pensando. Además, nos dicen que tenemos ondas electromagnéticas, por lo que estamos emitiendo una conexión con la naturaleza y con otros seres vivos. Todo es energía. Y ya empieza a haber instrumentos y formas para medirlo, porque el cerebro es como un radar.

Lo último que se sabe en esta área de conocimiento es que nuestro cerebro es una máquina de anticipación. Y esto lo podemos utilizar en el deporte, en el fútbol en este caso. El cerebro codifica siempre lo que ha visto, filtra millones de *megabytes* de información conforme al patrón anterior y, si le cuadra, sigue actuando. De acuerdo a lo que piensas, a lo que has creído, a lo que te han dicho tus padres, etcétera. Nosotros solemos actuar así. Pero también te dicen que, si te paras y escuchas a tu cerebro y a tu corazón, puedes actuar por intuición. El corazón puede adelantarse en esos casos al cerebro. Luego, el cerebro corrobora todo.

Llevado al fútbol, se comprueba que los jugadores realmente buenos y distintos al resto son aquellos que tienen la capacidad de adelantarse a las situaciones porque han visto antes muchas más cosas. Tienen una visión de trescientos sesenta grados, como ya se ha comentado. El cerebro no les filtra nada ni les dice «no hagas esto porque no toca» o «porque lo has ensayado de otra manera» o «porque lo has trabajado de forma distinta». Son ellos los que dicen: «Déjame guiarme más por mi instinto». En realidad, no es el instinto, es el cerebro del corazón, porque son capaces de impedir que toda la información de los elementos que provocan estrés, los estresores, les deje escuchar lo otro.

TOÑA

* * *

Cuando he tenido que pensar en el campo, muchas veces me ha ido mal. Si piensas, el proceso de cualquier jugada se retrasa un poco, vas un segundo más lento, y eso permite al rival anticiparse o frenar cualquier tipo de acción. Por eso resulta tan importante que todo esté conectado: la mente, el cuerpo, los músculos… Todo. Es como si dentro de ti surgiera una voz invisible que te va guiando. Se ha demostrado que, si duermes mal, tienes más probabilidades de lesionarte. Mucha gente desconoce, por ejemplo, que existe un segundo cerebro, el intestinal, aunque en los últimos años ya hay numerosos profesionales que lo están estudiando. No sé si hay más o menos neuronas, pero lo que sí sé, y más después de hablar con gente como Toña, Marian o Inma, es que todo está muy conectado. Imagino que habrá personas escépticas cuando abordamos estos temas, y las respeto, pero en estos momentos la ciencia está trabajando en esa dirección.

* * *

A Andrés le gusta el fútbol, es obvio, pero también le fascina que la gente disfrute con su juego. Y no desde una visión narcisista, ni tampoco del ego. No, no me refiero a eso. Tiene un deseo innato de que la gente pueda ser feliz viéndolo jugar en un campo. Eso era, en realidad, lo que le movía, y no solo cuando llegó al Barça o a la Selección española, sino ya desde sus inicios, cuando estaba con sus amigos en el pueblo o después en el Albacete. Es algo muy sencillo: si él era capaz de disfrutar, lograba que disfrutaran los demás.

Al final, ¿por qué ves el fútbol? Porque es un espectáculo. Te apetece pasar un buen rato con tus amigos o amigas. Te gusta seguir a tu equipo, te integras en una comunidad de la que forman parte millones de personas. Es un momento para reunirse y compartir una misma convicción. El mismo equipo, el mismo país, el mismo objetivo… Y todo el mundo se une en ese camino. Es la belleza del fútbol, por encima de las camisetas o de las rivalidades.

A Andrés ese hecho, poder ser partícipe de esos ratos de felicidad o de construir la felicidad, le hace sentirse muy bien. Es algo que no tiene precio para él. No podemos olvidar que el fútbol, en su estado más puro, es el sueño de todo niño. Representa el disfrute, la diversión, la alegría... Pero vivirlo desde dentro comporta mucha presión. Y a pesar de que los profesionales lo tienen todo, son personas que sufren. Nunca podemos olvidarlo. Lo he visto en mi consulta con gente muy exitosa, da igual que sea cantante, jugador, actor, empresario... Poco importa de dónde procedan. Ahí dentro, y ahora hablamos del fútbol, se sufre, y mucho. Tienen sus propios dramas interiores, heridas sin resolver, miedos, inseguridades... No por triunfar en la vida tienes todo resuelto a nivel emocional.

Pensemos, por ejemplo, en lo que le pasó a la gimnasta estadounidense Simone Biles, antes de los Juegos Olímpicos de Tokio, aún en plena pandemia. «Me rompo por un problema de salud mental», dijo ella entonces. Me encantó porque lo visualizó y demostró a quien no lo sabía que un deportista de élite siempre está alerta. Y el ser humano, y esto siempre debemos recordarlo, no está diseñado para vivir en constante alerta. A veces sí, otras no. Es preciso trabajar en la «reparación».

Eso mismo le sucedió a Andrés años antes, aunque entonces no fuimos conscientes de lo que realmente estaba sufriendo. Por eso, en la final del Mundial de 2010, creo que toda España quería que marcara Andrés. Y lo hizo. Tenía que ser así, porque él representaba todo lo que nos gusta de este juego —el respeto y la sensibilidad hacia el deporte y hacia el rival—, porque aquel año había muerto su amigo Dani Jarque.

También te demuestra que incluso en los momentos más dolorosos de la vida, cuando estás viviendo un duelo, pueden surgir circunstancias realmente extraordinarias. Andrés estaba en pleno duelo. Y, a pesar de ello, aparece en el último suspiro del Mundial y deja esa jugada que quedará ahí para siempre. Es un gol que lo hace inmortal, pero no lo quería solo para él. Marcó, se quitó la camiseta y ahí estaba su amigo Dani, su nombre escrito en la camiseta blanca. Están los dos juntos. Es un momento inolvidable.

MARIAN

* * *

Nunca me había visualizado antes levantándome la camiseta para homenajear a Dani Jarque. Tampoco lo había pensado en los días previos a la final, ni siquiera se me había pasado por la cabeza. Lo hice cuando llegué al estadio Soccer City. Al llegar al vestuario, me acerqué a Hugo, uno de los readaptadores de la Selección, y le dije: «¿Me puedes escribir esto?: "Dani Jarque siempre con nosotros"». Se lo conté y me fui al campo a calentar. Debía de faltar poco más de una hora para que empezara el partido contra Holanda. Es verdad que siempre había querido rendir un homenaje a Dani, pero no había pensado en el modo de hacerlo hasta que llegué al estadio. Sabía que Sergio Ramos y Jesús Navas se habían puesto una para recordar a Antonio Puerta. Pero ellos, creo, lo llevaban ya preparado desde el hotel. Yo no.

* * *

Recuerdo a Hugo con el rotulador azul en el vestuario del Soccer City escribiendo sobre aquella camiseta blanca de tirantes, pero no vi cuando se la dio a Andrés, ni tampoco cuándo se la puso; creo que fue después del calentamiento. Lo supe años después, cuando lo contó él en el documental que hicieron sobre él. Creo que nadie lo vio. No podemos olvidar en qué momento sucedió todo.

Quedaba una hora para que empezara la final del Mundial y todos estábamos ultimando los detalles. Es verdad que aquel día —aún estábamos en el hotel— me acerqué a Fernando Galán, otro fisioterapeuta de la Selección, y le dije: «Andrés está como nunca. Todo lo que hemos trabajado le está saliendo». Lo veía con ese comportamiento viscoelástico adecuado. Estaba, además, en un estado de felicidad física plena. Y eso que Andrés había sido para mí un verdadero quebradero de cabeza durante todo el torneo.

También había estado tratando a Fernando Torres y a Cesc Fàbregas. En esas semanas de competición todo había sido un infierno, un vía crucis. Por eso estaba tranquilo en las horas previas al último partido. Todos arrastraban problemas físicos, pero cuando llegó la final le dije a Fernando: «Nuestro trabajo está hecho. Ahora es su momento». Me emocioné al decírselo, y me emociono ahora al recordarlo. Todo el trabajo que habían hecho los jugadores, y nosotros, estaba por salir, y tenía que ser en la final. «Fernando, mi Mundial ha terminado, lo demás que lo hagan ellos».

Recuerdo la imagen de Hugo con el rotulador, pero Andrés no me había dicho nada, absolutamente nada, en esos minutos previos a la final. Ni compartió conmigo la idea de dedicarle una camiseta a Dani en los días anteriores.

RAÚL

* * *

Solo se lo dije a Hugo, a nadie más. Por eso era un secreto para todos. ¿Qué creía que podía pasar? Nada en especial, solo visualizaba ganar el partido y enseñar la camiseta. No así el gol, ni tampoco en que sería yo quién lo marcaría. ¿Cuántas veces me había quitado la camiseta? Una. Bueno, dos. En una ocasión en Londres y otra en Johannesburgo. Eso no se piensa. ¿Por qué lo hice justo antes? ¡Energía! ¡Simplemente energía! ¡Somos energía! La energía se conecta. Es como cuando estás hablando de alguien del que no sabes nada desde hace meses y, de pronto, recibes un mensaje suyo. ¿Por qué pasa? Nadie lo sabe.

Eso es lo que contó Jessica, la viuda de Dani. Ella no veía un partido de fútbol desde hacía once meses y aquella noche se puso delante de la tele para seguir la final. Lo supe más tarde, porque me escribió una preciosa carta en la que me dijo que «tenía una intuición» sobre ese partido. Sentía que iba a pasar algo. Justo antes del gol se echó a llorar y no lo vio. Tampoco vio la camiseta en ese momento porque estaba desconsolada junto a Martina, su hija. Pero ella «presentía» que algo iba a suceder. Son cosas, como me recordaba Jessica, «inexplicables», difíciles de argumentar, pero ocurren. Somos energía y estamos todos conectados, porque lo que ocurrió no puede ser una casualidad, ni mucho menos. No creo en eso. Hay miles de situaciones en las que piensas «¿cómo es posible?». Pues fue posible porque había algo que nos conectaba a Dani y a mí.

¡Mira cómo salió la camiseta! Parecía que flotaba por encima del cuerpo. Diría que es un momento en el que existe un plano por encima de lo racional.

* * *

Al acabar el partido, él estaba en *shock*. La emoción era tan grande que se quedó como bloqueado. Entró en el vestuario como ido, intentando digerir lo que sentía.

RAÚL

5
Armonía
(Japón, Andrés+Anna)

Lo fácil era quedarme, seguir en mi casa, en el club de mi vida, pero entendí que era el momento de marcharme. No podía continuar. Con todo el dolor del mundo, tenía que dejar el Barça. La decisión la vas meditando durante mucho tiempo, poco a poco, porque tienes que calibrarla bien, y eso que al principio no sabíamos si terminaríamos en Japón. Hasta eso fue un afortunado golpe del destino.

Me moví por lo que decían mi corazón y mi conciencia. Es verdad que me habría encantado retirarme del fútbol jugando en el Barcelona, pero no era posible. En aquel momento era consciente de que no podía seguir proporcionándole al club todo lo que realmente se merecía, y no solo me refiero a nivel deportivo, sino a todos los niveles. Con toda la presión y la responsabilidad que conlleva lucir esa camiseta. Había una mezcla de dolor y de certeza, al mismo tiempo, de que lo tenía que hacer. Anna y yo lo meditamos con mucha calma y paciencia.

La clave de todo fue que desde hacía tiempo ya tenía decidido abandonar el Barça. No lo hice de manera traumática o de golpe, lo que me permitió descubrir todos los matices de una decisión tan trascendental. No es nada fácil digerir ese sentimiento que me embargaba aquellos meses, pero sí entendí —entendíamos— que era necesario. Llegué con doce años y me iba con treinta y cuatro. Había estado más tiempo en Barcelona que en Fuentealbilla.

Una vez tomada la decisión, descubrí, aunque parezca una contradicción, que podía saborear mejor todas las cosas. Disfruté cada momento sabiendo que eran los últimos como jugador del Barça. Quería terminar mis días en el club de una forma extraordinaria. Quizá sea presuntuoso decirlo, pero jugué muy bien. Ganamos la final de la Copa del Rey al Sevilla (2018) en el que considero que ha sido uno de los mejores partidos de mi vida.

Quería terminar precisamente con esa sensación, aun siendo consciente de que mucha gente no podría entenderlo: «¿Por qué se marcha en este momento?, ¿por qué no sigue un año más, o dos, estirando su carrera?». Son pensamientos hasta cierto punto lógicos, pero, desde mi punto de vista, era lo mejor. Siempre pensé que tenía que salir bien del Barça. No podía abandonar mi casa de mala manera. ¡No me lo habría podido permitir! Quería irme con recuerdos bonitos, no solo pensando en mí, sino también en el propio club.

Después de tantos años juntos, después de todo lo que habíamos vivido, ahora no podíamos estropearlo. No habría sido justo para ninguno de los dos. Y, además, ya hemos visto —tenemos ejemplos de todo tipo— que no es fácil abandonar un club. Siempre hay problemas, reproches, recelos, incluso declaraciones altisonantes... A veces porque no cuentan contigo; en ocasiones, porque se producen lesiones y en otras porque, aunque tú sientes que puedes jugar, hay un entrenador que no piensa lo mismo y no te pone. Llegan los grandes partidos y no juegas. Todas esas posibilidades estaban en mi mente. Y eso era, precisamente, lo que pretendía evitar. Mi única idea era salir dejando un buen recuerdo en la gente, que vieran a un Andrés Iniesta, si no en su plenitud, al menos con un grandísimo nivel. Me despedí ganando aquella Copa del Rey y conquistando la Liga, y con el mal sabor de boca de aquella eliminatoria contra la Roma en Champions, que se nos escapó de forma incomprensible... Pero creo que el recuerdo que dejo en el aficionado del Barça es muy bueno.

Nunca sabes lo que puede pasar, pero, interiormente, si me hubiera despedido del club de otra forma, habría empañado una carrera que, para mí, ha sido de ensueño. No quería que se rompiera todo aquello que habíamos construido a lo largo de los años. Y era consciente de que se podrían dar cincuenta mil circunstancias que no están bajo tu control. Insisto, y quiero dejarlo bien claro, tomé la decisión con dolor, pero era mi decisión, y eso me dejaba tranquilo. Es más, creo que ese final de temporada tan bueno se produjo, precisamente, porque lo tenía asumido desde hacía meses. Esos últimos partidos salieron tan bien por eso.

* * *

Así es Andrés. No para de darle vueltas a todo. Hablamos, hablamos, hablamos, y al final tomó la decisión. Sentía que era el momento, y, una vez más, el tiempo le ha dado la razón. Cuando nos fuimos, Andrés lo tenía muy claro. Yo le decía: «Si tú sientes que debe ser ahora, nos vamos. Si crees que aquí no vas a dar todo lo que tú consideras que debes dar, nos marchamos. Si ves que no te aporta nada seguir, yo te acompaño a donde sea». Además, los dos teníamos ganas de probar cosas nuevas y él tenía pensado cómo iba a ser todo lo que vendría después de Barcelona. Entonces le comenté: «¡Pues nos vamos a Japón, Andrés!».

ANNA

* * *

Anna y yo lo habíamos hablado desde hacía tiempo. Ella sabe que no suelo tomar decisiones en caliente o de forma precipitada, que cuando digo algo es porque lo tengo muy meditado, pensado y estudiado, y, además, porque estoy bastante convencido. Anna me apoyó y compartió mi decisión en todo momento. Estuvo de acuerdo en eso y en que emprendiéramos juntos una nueva aventura que no habíamos vivido antes. Al principio, parecía que nos íbamos a China. Habíamos recibido una oferta de aquel país y llegamos a estudiarla, pero al final elegimos Japón. Estas cosas pasan, y pasan en los últimos instantes por algo. Siempre hay una razón.

Nos fuimos a Japón llenos de ilusión, en todo momento con un perfil bajo, algo parecido a «volver a empezar», «arrancar de cero». En esta experiencia me embarqué también con Joel, siempre juntos. Y en el club entraron Marc, Emili, Albert, y unos meses después se incorporaron Juanky e Iván, para empezar a construir Iniesta Academy en Japón, fuera de nuestras fronteras. Allí fuimos todos. Y con una actitud sencilla, para disfrutar como familia, mejorar y aprender de lo nuevo, de lo desconocido. No nos marchamos con la sensación de comparar, o de sentir añoranza de Barcelona. Ni tampoco nostalgia. Nos fuimos muy convencidos, asumiendo el reto colectivo con mucha ilusión.

Los cambios siempre generan estrés antes de resituarte, pero, en nuestro caso, funcionó muy bien a nivel deportivo y a nivel familiar, porque nos presentamos en Japón con una mente muy abierta, dispuestos a conocer una cultura nueva y a empaparnos de ella.

* * *

Si fuera por nosotros, volveríamos mañana mismo a Japón. El país nos acogió de maravilla, los peques estaban felices, Andrés, yo… Fue maravilloso.

ANNA

* * *

Andrés se sintió muy bien en Japón. Creo que allí se recuperó del todo. Estaba en armonía. Él y Anna. Anna y él. Y su familia, su gente. Se reencuentran todos. Y Andrés se alinea con su esencia de una forma plena. Eso explica mucho por qué cada cual tiene que encontrar su lugar en la vida.

MARIAN

* * *

A partir de nuestra llegada a Japón, todo fue nuevo para mí y para mi familia. Y eso nos hizo adquirir muchísima más energía. El viaje, el estrés de preparar una mudanza de una parte del mundo a otra, las expectativas creadas... Hasta que no aterrizamos en Kobe y no pasamos unas semanas allí no nos hicimos una idea real de lo que íbamos a vivir ni de lo que nos íbamos a encontrar. Ni siquiera de lo que estábamos viviendo ya. Y, poco a poco, esa ilusión que teníamos se fue haciendo realidad. Lo sentíamos, lo vivíamos, lo disfrutábamos... Tocaba gestionar las nuevas condiciones porque nos habían cambiado nuestro escenario de vida. Yo seguí jugando al fútbol como siempre, pero nada era igual. El entorno era radicalmente distinto, y de forma lenta iba asimilando todas esas novedades que trascienden más allá del aspecto deportivo. Tienen que ir encajándose todas las cosas.

Llegamos con la mente muy abierta. A nivel profesional no me fui a pasar el rato, ni de turismo a Japón. Yo no soy así. Teníamos una idea, un proyecto y un propósito. Mi foco seguía centrado en el fútbol y en construir algo bueno, bonito y con sentido, con el máximo respeto hacia el Vissel Kobe y el respaldo total del club. Yo deseaba seguir compitiendo. Evidentemente, no como requería un club del nivel del Barça, pero sí con la capacidad y el trabajo para crear una nueva identidad en un equipo como el Vissel, que nos ayudó en todo, y en una ciudad como Kobe, que nos acogió con los brazos abiertos a mi familia y a mí. Me sentía muy futbolista, tenía todavía mucha energía, y eso era justo lo que quería trasladar a mis nuevos compañeros.

* * *

En lo profesional, él se tomó su nueva etapa en Japón muy en serio. No se podía fallar ni a sí mismo ni a la gente que había confiado en él. Eran sus últimos años como profesional y entendía, como así se demostró, que si se cuidaba bien y trabajaba intensamente en cada entrenamiento podía seguir jugando a buen nivel. No era el del Barça, eso es evidente, pero para él era como si lo fuera.

Se marchó porque creía que a nivel emocional no estaría a la altura de lo que exigía un club como el Barcelona, aunque, en realidad, quien se lo autoexigía era el propio Andrés. Por eso se fue a Japón, aunque mantuvo en todo momento el mismo grado de motivación y de responsabilidad. Le apetecía desarrollar su juego allí, donde nada más llegar se sintió una persona muy querida, muy apoyada y, sobre todo, muy arropada. Y él sabía agradecer todo ese cariño a través del fútbol, de su juego. Así se expresaba Andrés. Era su manera de devolver a la afición japonesa todo el cariño que le había dado.

RAÚL

* * *

Es bonito ver en lo que se ha convertido el Vissel y lo que sigue siendo hoy en día. Es reconfortante comprobar que si haces las cosas bien puedes lograr algo más que éxitos deportivos. Queríamos, con la ayuda de todos, transformar el club, hacerlo conocido en Asia, convertirlo en un referente, y, ¡mira ahora!, acaba de ganar dos Ligas consecutivas. Cuando llegamos nosotros, no había conquistado ni un solo trofeo en su historia. Eso es lo realmente bonito de los procesos y de los proyectos, observar que, poco a poco, y gracias al trabajo y la constancia de mucha gente, se pueden alcanzar objetivos que antes parecían poco menos que inimaginables.

Una sola persona no cambia nada, eso es evidente, pero me siento muy partícipe de la evolución que ha tenido el Vissel en los últimos años. Mi llegada hizo que muchas otras cosas vinieran después y que se instalara en el club una manera de funcionar. No hablo de lo que se ve en el césped, es algo más profundo que no se percibe en los primeros meses, ni siquiera en los primeros años. Pero si se hace bien, acaba calando y se queda casi para siempre. Es una mentalidad distinta, una metodología de trabajo, que, fusionadas con el acervo japonés, han llevado al club a una nueva dimensión. Ahora posee un espíritu ganador, un espíritu de superación, de trabajo y entrega. No hay otra vía. Yo, al menos, no la conozco.

Me siento muy orgulloso, ya lo dije al ganar el primer título de la historia del club, la Copa del Emperador. Fue uno de los trofeos más especiales de mi carrera. La dificultad era extrema y el desafío, inmenso, pero entre todos lo hicimos posible. Fue algo increíble, de locos. En Japón hay equipos con una historia enorme que han conquistado muchos títulos, pero nosotros, hasta ese momento, no teníamos ninguno. Esos clubes con tradición y trayectoria tienen más facilidades para conseguirlo que el Vissel, pero esa Copa fue nuestra gracias a todo lo que se trabajó durante aquellos meses. Algo así no es fácil —en mi caso, además, el añadido de haber llegado a un país con una cultura nueva hizo que todo fuera más complicado—, pero se puede conseguir.

El Vissel vivió un cambio de mentalidad que lo convirtió en un equipo capaz de competir cara a cara contra cualquiera. Y sucedió gracias a que fuimos capaces de trabajar alineados en la misma dirección, con un objetivo común. Esto, que parece obvio en el mundo del deporte en equipo, no siempre es así. En el Vissel, ese espíritu nuevo permanece y ahora es un club de referencia al que todos miran no solo por lo bien que juega, sino también por cómo se comporta. Gana títulos, es reconocido, juega un fútbol atractivo… Es una historia brutal.

* * *

Japón nos ayudó mucho. Gracias a todo lo que vivimos en ese maravilloso país encontramos la fuerza necesaria para unirnos más como familia. Entramos en un territorio desconocido, pero con la ayuda de todos lo conseguimos. Teníamos la ayuda, eso sí, de los españoles del equipo de trabajo de Andrés que habíamos hecho el cambio a Japón: Joel, Juanky e Iván, que llevaban en Kobe la Iniesta Academy; y Emili y Robert, los fisioterapeutas. Y, en el buen sentido de la palabra, construimos «nuestro equipo».

La llegada a Japón fue como hacer un clic. Estábamos los dos solos y los niños. Además, nos tocó sortear una pandemia. Esa experiencia nos unió de una manera muy poderosa. En momentos así, cuando estás alejado de tu entorno, es como si solo te enfrentaras a dos opciones: o te separas o te unes más. Y en nuestro caso fue lo segundo, resultó muy positivo. Andrés pasaba muchas horas fuera, entrenando, jugando, viajando… Y yo estaba muchas horas sola, con los peques. Al llegar a casa, quieres que toda la familia esté reunida. Aprovechábamos muchísimo cada día. Cuando teníamos tiempo libre, nos íbamos juntos a dar un paseo por Kobe, como cualquier otra familia en cualquier ciudad, o cogíamos los patinetes, un balón y a la calle, o comprábamos flores (me encanta hacer ramos). Disfrutábamos de la vida en común.

Creamos una conexión especial. Éramos tan solo nosotros, y eso era más que suficiente. Solo dependes de tu pareja. Yo, de Andrés, y él, de mí. No teníamos a nadie más, ni siquiera a nuestras familias, que no podían viajar debido a las restricciones de la pandemia. Tan solo contábamos con algunos amigos que hicimos allí. Pasábamos tantas horas juntos que, al final —y hablo de nuestro caso—, nos vino muy bien porque nos conocimos mucho más como personas, a nivel individual y como pareja. No hay nada más bonito que todo lo que vivimos en Japón.

Me siento muy orgullosa de la familia que tenemos porque estamos superunidos. Hay una confianza enorme entre todos. Mis hijos, por ejemplo, me cuentan todo. Hemos creado una relación muy bonita, y sé que es gracias a Japón. Aquello duró cinco años y fue inolvidable porque nos ha cambiado para bien. Y a todos los niveles.

En Kobe teníamos una vida espectacular porque hacíamos cosas que, en Barcelona, y por razones obvias, eran impensables. Cosas tan simples como salir, pasear, tomar un café, estar con los tuyos. El «anonimato». En Japón conocían a Andrés, lo adoraban, y lo adoran, pero es distinto porque allí la gente le dejaba respirar un poco más, que era lo que él necesitaba.

Cuando juegas en el Barça y eres como él, es difícil tener esa sensación porque no hay un segundo de respiro. En Japón sí. Íbamos a buscar a los niños al cole y después salíamos de paseo con ellos. Dabas una vuelta tranquilamente, con toda seguridad. Te sentías muy bien en todo momento, tratados con mucho respeto. Era algo maravilloso y nada extraordinario; en realidad, lo que hace una familia normal. Esa es la vida que llevábamos entre semana porque el fin de semana Andrés lo tenía ocupado con el fútbol. Vivimos con mucha armonía y mucha paz.

ANNA

* * *

Nunca me paré a pensar si seríamos capaces de conseguirlo. Solo pensé en hacerlo. En trabajar, en entrenar, en ayudar a mis compañeros, en ser cada día un poco mejor… Ese es el camino. Tú tienes un propósito y eso es lo que te mueve a conquistarlo. No voy a un lugar para estar preguntándome continuamente si van a ir mal las cosas, no pierdo un segundo de mi tiempo en eso. Mi planteamiento es a la inversa: yo voy para hacerlo. Y salió bien, porque además vi que Anna y los peques se encontraban muy a gusto en Kobe.

* * *

Yo soy muy casera, soy poco de salir, y Andrés, también. Pero tener la posibilidad de pasear tranquilamente era muy positivo para todos. Nos sentíamos muy bien.

Y eso, quieras o no, se acabó notando en el rendimiento de Andrés, porque él tenía claro que no había ido al Vissel Kobe a pasar el tiempo. ¡Qué va!

Anna

* * *

Cuando me enfrento a un desafío —e ir al Vissel lo era, y más grande de lo que muchos podrían pensar—, sé que necesito la ayuda de los demás. Pero en mi vida siempre he puesto el foco en lo positivo: sabía que con mi llegada al club se podían hacer cosas diferentes; que el equipo podía mejorar; que mis compañeros me ayudarían, y yo a ellos; y sabía que podían venir nuevos jugadores dispuestos a unirse a nuestra idea de construir algo bonito. Perfecto, pongamos todos de nuestra parte. Esa fue nuestra mentalidad desde el primer día en que llegamos a Japón.

Y no todo fue de color de rosa. Hubo momentos difíciles, sobre todo en mi penúltimo año, cuando estuvimos a punto de descender a Segunda División, y eso habría cambiado la historia para siempre. Esa posibilidad era terrible para mí, pero al final, de manera casi milagrosa, pudimos revertir la situación y darle la vuelta a la clasificación. Los gané para la causa. Y esa determinación, con el paso del tiempo, me llena de orgullo aún más. Ya me sentía orgulloso entonces, en ese momento tan delicado —lleno de nervios, críticas, reproches, mal rollo—, pero ahora mucho más.

* * *

De Japón recibimos mucho cariño. Nos veían como a gente muy humilde, muy normal y, sobre todo, como una familia muy unida. Recuerdo lo que nos pasó en los primeros meses. Justo debajo de nuestro edificio había un parque, al que bajábamos todos juntos (Andrés, los peques, yo), y las otras madres alucinaban. Me decían: «¡¿Qué hace tu marido aquí?!». No lo podían entender porque allí solo estaban ellas con los niños. En Japón hay un sistema de vida distinto al nuestro, con el padre por un lado y la madre por el otro. Y no se abrazan, como sí hacemos nosotros. Más tarde, cuando me veían, me daban unos abrazos inmensos, porque les gustan y porque lo necesitan. Pero como culturalmente no han crecido con esa costumbre, no les sale hacerlo. Yo me daba cuenta de que se sentían muy a gusto cuando nos veían tan felices en su país. Lo mismo nos pasaba en el colegio:

—Pero ¿por qué venís los dos a la vez a recogerlos? —nos preguntaban.

—¿Y por qué no? Para mí es lo más normal —les respondía.

Todo consistía en ir conociendo, poco a poco, ese nuevo mundo que tan bien nos había acogido desde el primer día. Les gustaba ese tipo de relación que nosotros, aunque fuera de forma inconsciente, proyectábamos. Y eso que, como ha explicado Andrés, vivimos muchos momentos diferentes. Pero Andrés no podía tolerar que sucediera. No se lo habría permitido bajo ningún concepto. Hubo un momento en que él sentía que debía actuar.

ANNA

* * *

No lo hice solo, es obvio. Yo no podía jugar y, por lo tanto, no les podía ayudar en el campo, pero conseguí encontrar las herramientas adecuadas para que todo el mundo dispusiera de la energía necesaria para salvarse del descenso. En mi caso, fue una etapa de gran aprendizaje a todos los niveles: mental, de gestión, de comportamiento, de tacto, de explicar los errores, aunque fuera con dureza… Y es que la situación era crítica. Tenía que conectar con ellos, con el problema añadido del idioma. En mi cabeza me repetía «tengo que hacer algo, sí o sí». Y lo hice.

Todo cambió con una charla que monté en el vestuario sin avisar a nadie. Si lo anuncias con un día o dos de antelación, puedes dar opción a que la gente se prepare o empiece a preguntarse cosas como «¿para qué quiere Andrés hablar con nosotros?, ¿qué nos dirá?». Por eso, un buen día, nada más llegar a la ciudad deportiva, después del entrenamiento, les propuse que habláramos. Quería sorprenderles.

Recuerdo perfectamente cómo ocurrió todo. Habíamos empatado un partido en casa y era evidente que el equipo estaba decaído, sin chispa, con mal ambiente.

Todo indicaba que íbamos a perder la categoría. En la ciudad deportiva les dije a los jugadores: «¡Reunión!». Nos pusimos todos en círculo y me coloqué delante de ellos. Todos me escucharon, primero porque me respetaban y luego porque eran conscientes, al igual que yo, de la gravedad de la situación.

Fue una charla clave: a partir de ese día ganamos los cinco partidos que restaban para acabar la Liga y nos salvamos. No supuso ningún título ni ningún trofeo, pero aquella charla tuvo un inmenso valor para mí. Yo no estaba acostumbrado a hacerlo, ni tal vez me tocaba a mí tomar la iniciativa, pero entendí que era el momento adecuado: o nos reencontrábamos todos juntos como equipo trabajando en la misma línea o aquello se hundía. Así lo sentí.

Me rebelaba ante algo que no deseaba aceptar. No quería quedarme con los brazos cruzados viendo cómo se desmoronaba todo, no deseaba dejarme nada dentro porque no quería reprochármelo pasados unos días, meses o años. Necesitaba tener la conciencia tranquila.

* * *

Andrés recordará siempre esa charla. Tuvo que dejar de lado muchas cosas que había vivido en esos últimos meses porque lo prioritario era el bien común. Sabía que era lo mejor y que debía hacerlo.

ANNA

* * *

A partir de ese momento creyeron en la salvación. De pronto se percibió una energía común dirigida a un mismo objetivo. Una energía colectiva. De los que jugaban, de los suplentes, del entrenador, de los ayudantes, de todo el equipo..., incluso de los empleados del club. Fue algo increíble. Mientras hablaba no busqué culpables ni excusas para justificar lo que nos estaba pasando. No, no era eso. Simplemente les dije que teníamos que ser capaces de hallar algo en común para salir de esa delicada situación que nos terminaría arrastrando a todos. Era muy sencillo: si bajábamos a Segunda, bajábamos todos, con lo que eso implicaba.

—Nos queda mes y medio y no podemos dejar caer esto. Tenemos la oportunidad de salvarnos, podemos hacerlo. ¡Debemos estar todos concentrados en eso! No hay nada más importante en las próximas semanas. Entrenar, descansar, jugar; entrenar, descansar, jugar... Solo eso. Y el que no juegue, que apoye al compañero. Y el que juegue, que lo haga lo mejor posible, intentando rendir al máximo para justificar por qué está en el campo. ¡Nada de malas caras! Y el entrenador, a entrenar, y a poner la energía adecuada. Y el segundo entrenador, tercero, nada de discutir las decisiones del primer a ayudarle y a arroparle. Y la gente del club, igu

En ese momento, yo salvé al míster, pero él me estaba «matando».

* * *

Andrés no se sentía bien tratado por el entrenador. Y esa era una situación nueva para él. Le costó asimilarlo y lo pasaba realmente mal. El míster no se portaba bien con él, pero Andrés mejor que nadie supo que debía intervenir. «¿Qué prefieres? ¿No hacer nada y sentirte después mal, o intervenir porque crees que es lo mejor para el grupo? Eso, al final, te hará sentirte orgulloso de tu actitud».

ANNA

* * *

Para mí no era una situación fácil. Yo me sentía injustamente tratado, y tuve que hacer un esfuerzo para dejar a un lado mi ego y pensar solo en el bien del grupo. Lo hice y salvé al entrenador, que fue, como dije antes, el que me acabó «matando». Y es que yo estaba recibiendo un trato que no consideraba justo por algunas decisiones que él había tomado en los últimos meses.

En una situación delicada puedes llegar a pensar: «Bueno, allá ellos. Que hagan lo que quieran; ya se verá dónde acaba todo esto. Yo he hecho todo lo que he
dido». Pero, en vez de eso, un día estallé: «No puedo
larme con esto dentro. ¡No puedo!». Por eso con-
quella charla en el vestuario. Lo hice porque así lo
r el bien del equipo y del grupo.

Reconozco que me costó, más que nada porque nunca había sufrido una injusticia semejante, pero en esos momentos la sentí, la estaba notando, la estaba sufriendo... Me costó dejarla a un lado hasta que llegó aquel día. Lo tuve que hacer por mí, por mis compañeros y por el club... Por el entrenador no lo habría hecho. Pero le apoyé delante de todos cuando el ambiente era malísimo y estaba siendo cuestionado por muchos jugadores. Y le eché un cable para que lo respetasen y nadie discutiese sus decisiones. Si un jugador era sustituido, que se callara; si otro era colocado en la banda derecha, aunque quisiera jugar en la izquierda, que lo aceptara sin decir nada... Insisto, no lo hice por él, no, sino por el club y por los compañeros.

No puedo valorar lo que pensaron los jugadores ni tampoco lo que iba a hacer el entrenador. No sé si para ellos esa charla sirvió de mucho o de poco. No lo sé. Pero sí sé lo que sucedió. Ahí están los hechos. Nos íbamos a Segunda, pero nos quedamos en Primera. Y eso pasó porque toda la energía negativa que nos estaba llevando hacia abajo rectificó la dirección. Ese cambio fue real. No eran circunstancias fáciles. Cuando las cosas no van según lo esperado, la mayoría de las personas pecan de egoístas y siempre buscan culpables, pero yo no actué así. Creía que era el momento de buscar soluciones. Si no hay un grupo unido y sólido, todo lo demás se resquebraja. No era el momento de buscar chivos expiatorios. Tan solo quedaba un mes y medio de competición. Tocaba salvarnos y después el club ya decidiría si seguíamos o no, si cambiaba o no al entrenador.

* * *

Hizo lo correcto, lo que de verdad marca la diferencia en él. Andrés es así en todo, y eso es muy bonito. Ha aprendido mucho de todo ese período. Él es muy buena persona; es lo que ves, transparente, bueno... Tiene cosas, como todos, pero es, ante todo, buena persona.

ANNA

* * *

A mí Japón me proporcionó calma y paz. No quiero compararlo con nada, sino simplemente contar lo que vivimos en Kobe. Cada lugar tiene sus características propias, y lo que significa jugar en el Barça es algo muy grande, pero llegó el día de cambiar de aires. Es algo muy grande por la presión que rodeaba al equipo en Barcelona, la tensión, el día a día, lo autocrítico que era conmigo mismo...

En Japón todo era distinto. Para mí, el primero. Percibí una ilusión y una energía nuevas para crear algo que fuera diferente. Fue como regresar a mi pueblo, como volver a mis orígenes. Fui muy feliz durante mi estancia en Kobe. Aparqué Barcelona con toda la melancolía del mundo y tras una carrera espectacular en el club de mi vida, pero me marché para crear algo nuevo en otro lugar: en el campo, en la familia, en la vida… Todo estaba por hacer.

* * *

Para mí, el verdadero cambio se produjo cuando Andrés dejó el Barça. A partir de ese momento se le vio tranquilo, aliviado, con más calma que nunca. Recuerdo que en mis primeros años de relación con Andrés, y yo como novata en esto del fútbol, vivía todo con mucha más presión. Hasta que tuve a Valeria; luego desconecté bastante, aunque no dejaba de estar pendiente de él: si tenía un mal día, si había perdido un partido, si sufría una lesión, lo que fuera… Yo siempre estaría ahí para él.

Cuando Andrés está en casa, es el padre de mis hijos, es mi marido, o sea, uno más. Si le ha ido mal, es normal que yo lo sienta. Cualquiera tiene días malos; yo la primera. Después de un partido que había sido flojo, todos en casa estábamos tristes. Nadie cenaba. Casi nadie hablaba. Pero imagino que eso forma parte de un proceso de aprendizaje personal.

En realidad, el gran cambio se produjo, como ya he dicho antes, cuando nos fuimos a Japón. Hasta ese momento, si no ganaba, estaba dos noches sin dormir; le costaba entender que, si perdía, no pasaba nada. No es el único, lo sé, pero luego cambió radicalmente cuando nos marchamos a Kobe. Tuvo que hacer ese trabajo. Cuando dejamos el Barça se abrió ante él otra vida, se quitó toda esa autoexigencia que él mismo se imponía.

El Barça significa vivir en constante tensión, dar lo máximo de ti, ir siempre al doscientos por ciento. Andrés no podía disfrutar de los grandes logros que alcanzaban porque al día siguiente la exigencia aumentaba. Lo bonito de todo esto es que fue consciente de que debía dejar el Barça y eligió Japón. Supo que era el momento. Él tiene una intuición especial. Luego, en Kobe, lo veías disfrutar liberado de todo, como si fuera un niño. Claro que se enfadaba cuando perdían, pero tenía una mentalidad positiva, pensando que el siguiente partido sería mejor. Se quitó todo el estrés que había acumulado durante años y años.

Además, la afición del Vissel se portaba de forma espectacular con él. Nunca oí cantar su nombre tantas veces, y pensaba: «¿Qué es esto? ¡Qué pasada!». Me emociono ahora cuando lo recuerdo. Andrés recibió un subidón y volvió a disfrutar del fútbol. Se le notaba mucho. Llegó a un club que estaba en un nivel bajo y lo subió hasta arriba del todo, no solo por los títulos que ganó, sino por el legado que dejó: él se fue y el equipo siguió ganando. No sé si los demás lo valorarán o no, eso importa poco, pero esa es la grandeza de su obra: cambió la mentalidad de todos. Fue realmente bonito.

Anna

* * *

El cariño, el respeto y el amor que sentí por parte de todos los aficionados de Japón fue impresionante. «Eres nuestro Dios», me decían unos por la calle; «Gracias por habernos elegido», me confesaban otros. Fue maravilloso lo que nos hicieron sentir durante esos cinco años. Estoy enormemente agradecido.

* * *

A día de hoy yo le mando a Andrés fotos de nuestros recuerdos de Japón y él aún se emociona. O al revés. A veces me envía una foto y no puedo evitar conmoverme. Se me saltan las lágrimas. Tenemos unas vivencias fantásticas, para empezar, los dos embarazos que he pasado allí.

Y eso que la situación no era fácil. Entre el idioma y el tipo de cultura, tan diferentes, el proceso se hace más complejo. Los japoneses viven en una realidad muy diferente, es muy complicado. Además, el embarazo de Romeo, nuestro cuarto hijo, lo viví en plena pandemia. Me tenía que ir sola a la doctora acompañada de la traductora, pero a ella no la dejaban entrar en la consulta. Y la doctora solo hablaba japonés. ¿Cómo lo hacía? Pues a través del teléfono: la intérprete, que estaba fuera, iba traduciendo la conversación. Y, aun con todo, tuvimos a nuestra hija pequeña: Olympia. ¡Estábamos muy bien en Kobe…!

Un poco de cada uno de nosotros sigue en Japón. Un poco de nuestra alma se quedó allí. Siempre digo que es nuestra segunda casa.

Anna

* * *

AMO JAPÓN.

6

Pasión

(Y rebelión)

Tal vez muchos no sepan que la lesión más grave que sufrí fue en Japón, pero no quise que en aquel momento nada me alejara del fútbol. Deseaba seguir jugando y no podía permitir que nada ajeno a mí condicionase esa decisión. Fueron meses duros en los que confirmé que se necesita siempre la ayuda de los demás para superar las dificultades, la ayuda de tu familia, de tu gente, de todos... Esa es la verdadera fuerza. A veces ni siquiera eres consciente de que la tienes, pero luego terminas por encontrarla, y en el camino, por difícil que este sea, hallas el rumbo. Y toca disfrutarlo, aunque sufras durante el viaje. Pero solo si sientes amor por lo que estás haciendo.

* * *

El cerebro humano ha evolucionado. Tiene cualidades que van más allá del procesamiento de la información. Lo que lo hace diferente y especial es la capacidad de empatía, de cooperación, de creatividad, de libertad, de amor en los actos que realizas, buscando un propósito, un legado... Y eso nunca lograrán hacerlo otras especies, ni mucho menos la inteligencia artificial. Se pueden crear avatares o inventar nuevos modelos, pero siempre les faltará lo que lo diferencia de la inteligencia natural. Andrés, por ejemplo, es el más «vago» de todos. No es un insulto, ni mucho menos, sino todo lo contrario. El vago es un nervio importantísimo en nuestro cuerpo, el nervio craneal más largo, aquel que regula muchas funciones que plantan cara al estrés y te permite conseguir el equilibrio emocional.

TOÑA

* * *

A mí lo que me ha movido siempre es el amor por hacer lo que tengo que hacer. Por todo. Amor y pasión por jugar al fútbol. Amor y pasión por mi familia, la que tuve y la que tengo, la que hemos creado. Amor y pasión por estar con ellos y con todas las personas.

* * *

Una de las cosas que más le ayudan a Andrés es haberse conocido tanto. Lo ha hecho después de un largo período de aprendizaje en el que ha vivido situaciones de todo tipo. Y de ellas ha logrado salir porque ha encontrado el camino adecuado y, sobre todo, a las personas necesarias para saber «escaparse». En todo momento ha dicho «quiero proteger a mi familia, mi mundo, mi salud». Es por eso, o al menos así lo veo yo, que el éxito nunca le ha sobrepasado. Hay muchas personas a las que la fortuna les acaba destruyendo porque no están preparadas para lo que implica, pero no es el caso de Andrés. Él ha buscado un sentido a todo lo que hacía.

La felicidad es la ecuación entre las expectativas que tienes y lo que vas logrando. Y es darle un sentido a la vida. Te levantas por la mañana y tu vida tiene un propósito. El placer está compuesto por momentos de dopamina, y la felicidad es serotonina, justo lo contrario. La dopamina excita las neuronas y cada vez quieres más. La serotonina te proporciona calma. «Me gusta tanto esto que me quedo así». Hoy en día solo se busca el placer. La dopamina es tan adictiva que te engancha. «Quiero disfrutar de lo que tengo, nada más».

Andrés es una persona muy poco dopamínica, muy poco de engancharse a las cosas, a buscar vías de escape. Y esa es la clave de su gran éxito: su capacidad para ir conociéndose mejor. Al principio, como es normal, no tenía las herramientas adecuadas, pero ha entendido que debía buscarlas acudiendo a los especialistas y, a partir de ese momento, iniciar un trabajo que lo ha traído hasta aquí. No podemos olvidar que un éxito así, tan bestia como el que él tuvo, te puede destruir. Y, tal vez, para siempre.

MARIAN

* * *

Andrés se expresa jugando al fútbol. Y se siente bien haciéndolo así. Tiene esa tendencia tan suya a la introspección, a ser reservado, observador, detallista. Y su manera de expresarse es, como digo, jugando. Él es como cualquier otro artista: pura expresión, puro talento y, también, inteligencia neuromuscular. Necesita desarrollarla y manifestarla con una pelota en los pies. Yo nunca le he visto nervioso en el terreno de juego, sino todo lo contrario, siempre muy concentrado, muy «hacia dentro», muy metido en su propio diálogo interno.

RAÚL

* * *

No sé vivir sin ese amor y esa pasión por todo. Es la fuerza que me ha movido siempre. Os contaré algo que me sucedió en Japón. Quizá, como ya no estaba en un primer plano mediático, no lo sabréis, y menos con la gran cantidad de detalles que quiero explicar ahora. Sufrí una grave lesión muscular jugando con el Vissel Kobe. ¿Qué aprendí en ese momento? En primer lugar, que sin la gente que me rodea cada día no soy nadie. Esa es la mayor lección que me llevé, aunque sería mejor decir que corroboré, de aquellos meses tan duros. Además, me permitió conocer partes de mi cuerpo, y diría que de mi mente, que no sabía que existían. Supe cómo reaccionar y también de lo que soy capaz. Es algo que puedes intuir, pero solo en situaciones tan complicadas logras entenderlo realmente. Aunque todo tiene un proceso.

Reconozco que cuando fui consciente de la importancia de la lesión me hundí. Volví a tener ese sentimiento de vacío. Me costó asimilar lo que me había sucedido. Primero debía asumirlo, y, sobre todo, aceptarlo, porque me llegó en un momento muy delicado. Estaba jugando mejor que nunca en Japón, me sentía realmente bien... Pero la lesión me dejó bastante tocado y bajo de energía, de moral, de fuerzas. Necesité varios días para digerir esa lesión tan grave, pero una vez lo hice, me mentalicé para recuperarme y afrontarlo de la mejor manera posible.

Es verdad que, al principio, todo se me hacía cuesta arriba. Había miles de preguntas rondando en mi cabeza y no sabía si podría con ello. Tampoco tenía la certeza de que las cosas fueran a ir bien. Y si van mal, ¿qué? Son momentos duros y difíciles. Los dos o tres primeros días fueron horribles, y eso que la primera noche tras la lesión pude dormir algo. Aún no me habían dado el diagnóstico definitivo. Vinieron noches en las que, directamente, no pude conciliar el sueño. Me daba pánico tener que operarme.

Rotura del recto femoral de la pierna derecha. Claro que había tenido lesiones en mi carrera, pero ninguna como esa. Tenía treinta y seis años... Yo estaba en Doha, jugando la Champions asiática, y Anna en Kobe, donde se había quedado con los peques. Ella intentaba ayudarme, aportándome calma y tranquilidad. Y en plena pandemia, con todo lo que eso implicaba. Intentaba que yo aceptara la situación lo antes posible. Jamás olvidaré lo que Anna hizo por mí en esos momentos, con el problema añadido de la distancia, pero fue imprescindible para empezar a entender la nueva realidad a la que me tocaba enfrentarme.

* * *

Anna es una mujer sencilla de corazón y extremadamente delicada, que tiene muy claro cuál es su prioridad en la vida: cuidar de los suyos, hacer que sientan que la madre y la mujer están ahí. Es de una sencillez en el trato, de una ternura… Se hace querer mucho.

MARIAN

* * *

¿Pánico? Sí, un poco. Sentía miedo, y pocas veces me ha sucedido en mi vida. Pero esta vez sí. Lo sentía porque la lesión era importante y nunca sabes cómo vas a salir de ella, pero Anna siempre estaba ahí. Lejos en lo físico, pero muy cerca en lo sentimental. Sentirla en todo momento me facilitó la aceptación, que es imprescindible para poder avanzar. Estoy hablando de una lesión, pero creo que, en realidad, sirve para muchas otras cosas. Una vez asumida, que a mí me resultó lo más difícil, ya tenía otra mirada.

Y así se lo hice saber a la gente que me rodeaba: «Vamos a hacer todo lo posible para que salga bien; vamos a dar el ciento veinte por ciento. Pero nadie nos garantiza que vaya a salir bien». Y sí, tenía miedo.

Además, venía de un partido anterior, en los octavos de final contra el Shanghái, en el que estuve genial. Me encontraba en uno de los mejores momentos del año. Recuerdo perfectamente la jugada. Ellos pierden un balón en el centro del campo. Se queda medio muerto. De reojo observo que su portero está un poco más adelantado de lo normal y lo veo tan fácil que golpeo el esférico con la mayor fuerza posible. Pero de inmediato siento que el golpeo no es bueno. El movimiento no resultó adecuado y, además, el terreno de juego no estaba en buenas condiciones. Digamos que mi músculo no estaba preparado para realizar ese gesto. No me gustó lo que sentí.

Pedí el cambio y salí porque no estaba bien. Era lo más prudente. Intentamos hacer malabares para que pudiera jugar el siguiente partido. Quizá me engañó un poco la sensación que tuve luego. La pierna me molestaba, pero me dejaba hacer ciertas cosas. Les dije a Robert y Emili —los dos fisioterapeutas que estaban a mi lado— y al doctor del equipo que no quería hacerme ninguna prueba porque deseaba jugar tres días después los cuartos de final contra el Suwon. Sabía que era prácticamente imposible estar listo para ese encuentro, pero nos pusimos manos a la obra. Me recordaba a las sensaciones que tuve en aquellas dos semanas previas a la final de Roma con el Barça, o luego en el Mundial. Por eso, a partir de esa misma noche, iniciamos un trabajo intensivo con triple sesión. Al final, el míster y yo, tomamos la decisión de que me quedara en el banquillo. Era consciente de que no podría jugar, pero, si el equipo ganaba, dispondría de tres días más de descanso para recuperarme. Por eso, lo que sucedió después es exclusivamente responsabilidad mía.

Ya he dicho que en ese momento tenía treinta y seis años. Las he vivido de todos los colores; sé que puedo tomar mis propias decisiones porque así lo siento y me lo he ganado. Escucho como nadie a la gente en la que confío, para eso la tengo a mi lado, pero ellos, como yo, sabían que iba a jugar ese partido. ¿Por qué lo hice si era imposible? Porque me mueve la pasión por este deporte, la responsabilidad que siento y el deber hacia mis compañeros. Iba a hacer todo lo posible para ayudarles.

En realidad, no estaba ni para jugar cinco minutos. El partido se fue a la prórroga y salí en el minuto 115 o 116 para lanzar un penalti. Era lo máximo para lo que estaba capacitado, para nada más. *A posteriori* es muy fácil hablar de muchas cosas, pero incluso analizándolo luego, sabiendo lo que me pasó después, la operación y los meses que tuve que estar fuera del campo, debía hacerlo.

* * *

Creo que aquel día en que Andrés se lesionó en Doha recordó lo que había pasado diez años antes en Johannesburgo durante el Mundial. Era inevitable. Además, tampoco se le hizo una prueba, como ya había sucedido en Sudáfrica. Él se había hecho daño en el primer partido contra Suiza y decidimos no hacerla porque, quizá, podría haber salido «algo». Y ese «algo» nos habría obligado a tomar una decisión. Quién sabe si Andrés se habría perdido el resto del Mundial.

Es fundamental interpretar este tipo de pruebas de forma adecuada, si no, puedes dejarte influir por un concepto nuevo que se está estudiando mucho en los últimos años: el síndrome VOMIT (Victim of Modern Imaging Technology), es decir, víctima de las imágenes que te proporciona la tecnología moderna. La sobreinformación que arrojan estas pruebas puede derivar en que el paciente reciba un tratamiento excesivo, si tales imágenes son interpretadas incorrectamente.

En el Mundial, decidimos que no nos interesaba hacerle a Andrés esa prueba y consideramos que lo mejor era volver a lo tradicional, a lo conservador, valorando sus sensaciones y su evolución en el día a día. Así fue en 2010 y luego en 2020. Y sabíamos que tenía un desgarro. Leve, pero era un desgarro. El propio Andrés entendió que en determinados momentos es mejor no saber y guiarte únicamente por las sensaciones que te envía tu cuerpo.

Raúl

* * *

Nunca me habría quitado de la cabeza no salir a jugar ese partido y no ayudar a mis compañeros. ¡Eso jamás! Si llegamos a los penaltis y perdemos, ¿qué habría pasado? Yo sabía que tenía que salir, era consciente del riesgo que corría. Si nos eliminan y no estoy presente, esa pregunta jamás habría dejado de rondarme. Hacer lo que hice me da tranquilidad conmigo mismo. Además, pasamos la eliminatoria. Marqué el primer penalti, lo que le dio mucha confianza al equipo. Lo disfruté aquella noche, pero luego, al día siguiente, ya fue otra historia.

Sé que la gente que estaba a mi lado en esos momentos podría sentirse un poco responsable de lo sucedido. Pero nadie sabía entonces lo que iba a pasar. Las decisiones se toman en el momento. Sería muy fácil decidir si supiéramos el futuro. Esa fue una más de las que tomé en mi vida. Era lo que debía hacer, me salió de dentro, del corazón. Lo siento como algo mío; no es propio de mí decir: «¿Por qué no me aconsejasteis esto?». Hicimos todo lo posible para que yo saliera a jugar. Y lo hice.

Recuerdo cómo sucedió todo en aquellos momentos. Voy al punto de penalti, pero no tengo ni idea hacia dónde chutar. Se me pasan todas las opciones por la cabeza: a la derecha, a la izquierda, al medio, con la pierna izquierda… Sé que me voy a hacer daño, no el calibre, pero tengo la certeza de que algo va a pasar. Una vez dejo el balón en el punto de penalti, retrocedo un poco mientras gano tiempo para decidir lo que voy a hacer. Quería tirar a la izquierda, anticipando antes la dirección en la que iba a lanzarse el portero. Justo cuando voy a golpear la pelota, el pie se me «cierra» un poco. No puedo cambiar mucho la dirección y en seguida noto un dolor que no había sentido en mi vida. Era punzante, un dolor horrible.

Sabía que me había reventado la pierna y de inmediato me llevé la mano al punto donde me dolía. Percibí un hormigueo increíble por toda la extremidad. Bueno, en realidad, era como si ya no sintiera la pierna, aunque me doliera. Regresé al centro del campo, después de haber marcado el gol, con un dolor tremendo. Sabía que algo importante me había ocurrido, pero no sabía qué. Pude seguir la tanda de penaltis, pero con mucho dolor y nervios. Rezaba en cada lanzamiento para pasar la eliminatoria porque, si encima nos eliminaban, nada de aquello habría merecido la pena.

Sé identificar el dolor (si es un pinchazo, una «rampa» fuerte, es decir, una contracción muscular fuerte y dolorosa, etcétera), porque he tenido varias lesiones, pero nunca sentí uno como este. Era diferente e importante. En el campo pude disfrutar del momento de la clasificación con los compañeros. Habíamos hecho historia, ya que el Vissel nunca antes había superado la frontera de los cuartos de final de la Champions asiática, es más, ni siquiera había jugado la Champions en su vida. Me hice fotos y vídeos con ellos compartiendo la felicidad de ese momento tan único. Luego me tocó pasar el control antidopaje. Fue horrible porque no sabía cómo ponerme, estaba cojo, fue tremendo.

En el hotel se me calmó un poco el dolor. Robert me hizo diversos movimientos en la camilla y pude dormir con tranquilidad, pero reconozco que esta lesión me confundió totalmente. A la mañana siguiente, cuando me confirmaron la gravedad del diagnóstico, todo fue distinto.

* * *

Nosotros ya sabíamos lo que había en esa pierna derecha antes de tirar el penalti. Andrés también. Sufría una lesión menor en el recto anterior, de grado uno. Es un desgarro parcial. ¿Qué ocurría? Que él quería jugar. Era un tema de responsabilidad, y Andrés, como todos sabemos, es muy responsable. Sentía que tenía que jugar porque se tomó su etapa en el Vissel Kobe con la misma pasión y el mismo entusiasmo que sus años en el Barça. Habían confiado en él para pilotar un nuevo proyecto, y después de llegar como habían llegado a esa fase de la Champions asiática, algo que nunca antes había logrado el equipo, para él era un sueño. Por eso quería jugar, y por eso jugó. Hay siempre un código de honor en todo lo que mueve a Andrés. Ese partido era importantísimo para todo ese proyecto y para él.

Raúl

* * *

¿Culpables los demás? No. Soy consciente de que todos ellos, en mayor o menor medida, se sentían responsables, culpables… No sé la palabra. Pero fue una decisión que tomé yo, sin pensar en lo que podía acarrear. Se lo dije a todos personalmente: «Tenéis que quitaros de encima esa responsabilidad». Es mucho más lo que me ayudan que lo otro.

Recuerdo que el momento en que me dieron el resultado de la resonancia fue muy intenso. Muy feo, muy duro, muy oscuro, muy negro, incluso desagradable. Nos lo dijeron en una sala prácticamente sin luz. Ver las caras de Robert y de Emili fue horrible cuando me dijeron que me había roto el tendón del cuádriceps. Me quedé en silencio. Lo primero que se me vino a la cabeza fue que no quería operarme. Ya lo he dicho, tenía pánico a la operación. El silencio se instaló entre nosotros.

De regreso al hotel nadie dijo nada. Estábamos muy tocados. Fue duro para mí por Emili y por Robert. Seguro que pensarían: «¿Por qué no lo hemos evitado?». Ellos eran los que estaban cuidando de mí. Se precipitó un torrente de emociones en ese momento muy desagradable para todos por la importancia de la lesión.

Yo solo quería regresar a Japón. «Vuelvo, veo a mi familia y luego ya veremos qué pasa». Estaba como loco por ver de nuevo a Anna y a los peques, llevábamos un mes en Catar. Se me hizo muy cuesta arriba.

Robert habló con Raúl, que estaba en Madrid; Emili lo hizo con el doctor Ramón Cugat, que en ese momento se encontraba en Emiratos. Aunque yo quería viajar a Japón tan pronto como fuera posible, el camino más seguro era operarse, y cuanto antes mejor.

Recuerdo que ese día hablé con el doctor Cugat, que me dijo: «El martes estoy en Barcelona. Si quieres, vente y te opero». Fue tajante. Siempre habla muy claro, por eso tengo una confianza ciega en él. No tuve ninguna duda de que debía operarme. La conversación no duró mucho más, pues no me quedaban otras opciones. «El martes iré. ¿Cuánto tiempo deberé permanecer en Barcelona? ¿Podré volar en una semana?». Esa fue mi única condición. Si me hubiera dicho dos o tres semanas, me habría retirado y habría vuelto a Japón. Tomé la decisión acertada: ir rápidamente a Barcelona.

A mi familia, a mis padres, a Anna, no quería darles la noticia tan pronto. Esperé al día siguiente, les hice el camino. «Seguramente lo mejor sea operar. Me voy a Barcelona». Con Anna hablé de seguir allí la recuperación, pero era un follón con todos los peques y la situación del coronavirus. Le pedí que fuese a Barcelona, así podríamos pasar juntos las Navidades. Ella me serenó un poco y me aportó sentido común, calma, tranquilidad. Se moría de ganas de que volviese, pero lo mejor era ir a Barcelona y aguantar una semana más. Fue tajante cuando me dijo: «Hay que operar sí o sí». Era, sin duda, lo más sensato y lo que tenía que hacer. Tengo a mi gente de confianza, y en momentos así son ellos los que te dicen las cosas como son y te orientan.

* * *

Quería jugar y tirar ese penalti. Cuando lo hizo, se rompió porque había algo en su pierna que no debía estar ahí. El pequeño desgarro que padecía tendría que haber estado cicatrizando durante cuatro o cinco semanas, como mínimo. Pero decidió lanzar ese penalti. Y, al instante, se «rompió». Nada más golpear el balón sintió un dolor muy agudo. Imagino que nunca había sentido algo así; estamos hablando de la lesión más grave de su carrera. Luego, el dolor desapareció porque el músculo se había «desconectado».

En el recto anterior es donde se localiza, en realidad, el músculo del chut, por decirlo así. Se trata de una de las zonas más delicadas para cualquier futbolista. Y, además, una vez se lesiona, sabemos que este tipo de desgarros no cicatrizan bien, si se sigue un tratamiento conservador. Se puede hacer así, claro, pero queda una cicatriz de muy mala calidad. Posiblemente, con la edad que tenía entonces Andrés, no habría sido consistente ni resistente para seguir jugando a un alto nivel. Serviría para cualquier persona que no practicara un deporte profesional, pero para él no habría sido suficiente. Es más, apenas me dijo lo que había notado al tirar el penalti y me describió sus sensaciones, le respondí: «Andrés, esto es quirúrgico».

Aunque, evidentemente, necesitábamos la consulta con el doctor Cugat.

RAÚL

* * *

Los dos días previos a la operación los pasé en la habitación. Estaba muy tieso, no podía caminar. Luego me dieron unas muletas. Me pasaba todo el día dándole vueltas a la operación, a cómo iría y a que no podía estar en Japón con Anna y mis hijos. Me hacía mil preguntas: ¿Por qué salí al campo? ¿Por qué tiré el penalti? ¿Por qué?

Cuando llegué a Barcelona fui directamente a casa de mis padres. A la mañana siguiente me esperaba la operación. Pasé muy mala noche. Conseguí tranquilizarme cuando me bajaban al quirófano para el preoperatorio. El anestesista me aportó mucha tranquilidad. En la sala de operaciones todo fue muy rápido y muy bien. Estuve despierto todo el tiempo, un poco grogui, pero no quería dormirme. Tenía miedo incluso de eso. Por la tarde, cuando se pasó la anestesia, estuve un rato bastante fastidiado. Mi madre no me dijo esa tarde, más adelante sí, que tenía mala cara.

Hasta que no fui a casa de mis padres no supe darme cuenta del cambio que iba a experimentar en las siguientes semanas, de lo poco independiente que iba a ser. Es difícil ser tan paciente como pretendía, ya que en ese momento no tenía la seguridad de poder seguir jugando al fútbol en las mejores condiciones.

* * *

Volaron directamente desde Doha hasta Barcelona (hay que recordar que estábamos en plena pandemia). Andrés vino con Robert y Emili, que estaban junto a él en la Champions asiática. Como es lógico, él estaba muy preocupado porque su idea inicial era pasar antes por Kobe para ver a Anna y los niños, pero era importantísimo operarse lo antes posible, por eso fueron de inmediato a Barcelona.

Raúl

* * *

Indudablemente, las ganas de seguir jugando al fútbol fue lo que me impulsó a tomar la decisión de operarme. Era como una fuerza superior, y me ayudó a esquivar esa dificultad que me había llegado en el mejor momento de mi carrera desde que aterricé en Japón. No quería acabar mi etapa futbolística de esa manera; me moría de ilusión por jugar. Entonces, ni siquiera valoré la posibilidad de abandonar. Nunca se me pasó por la cabeza. No quería rendirme. Quería demostrar que podía seguir compitiendo. Otra cosa bien diferente es que la lesión fuera tan importante que me llevara por un camino que no deseaba. Pero ahí es donde tienes que rebelarte. ¿Cómo? Con trabajo, con entrega, con sacrificio, con dedicación… No conozco otra manera.

En la vida no solo es llegar, también hay que seguir. Y seguir incluso cuando percibes que lo tienes todo en contra. Entonces toca volver a conocerte más y mejor a ti mismo. Eso es lo que me pasó en aquellos años. En silencio, lejos del foco mediático, arropado por Anna, mis hijos, mi familia, mi gente… De un momento a otro, desapareces de la escena y tu rutina se convierte en desagradable. No puedes ni tocar el balón. Por muy bien que creas que hagas las cosas en la rehabilitación, vives en una constante incertidumbre. Cada sensación en tu pierna es nueva. La miras y ves una cicatriz inmensa que te recuerda lo que ha pasado. Cada dolor también es nuevo. No sabes si lo podrás superar o no. Intentas mover la pierna, pero no puedes. En todo momento estás pendiente de eso. Cuando vas a hacerte una ecografía de control rezas para que te digan: «¡Todo bien! ¡Seguimos!». Sabía que podía ir bien, pero también que podía ir mal. Esa posibilidad siempre estuvo presente cada uno de los largos días de aquella recuperación, pero hicimos todo lo que estaba en nuestra mano, y más aún, para que acabara felizmente. No, no existía la opción de abandonar.

* * *

La cirugía salió muy bien. Los músculos se unieron perfectamente, y a partir de ese momento se inició la recuperación. Estuvo una semana en Barcelona en casa de sus padres, y luego regresó a Kobe con Robert y Emili. Fueron ellos los que estuvieron en el día a día de la rehabilitación. Creo que hicieron un trabajo impecable; el primero, Andrés, que entendió que se debía volcar en la recuperación, por mucho que le pudiera costar. Yo supervisaba todo desde Madrid porque no podía viajar a Japón debido a la pandemia.

RAÚL

* * *

Recuerdo cuando regresé a Japón. Era una persona que tenía la movilidad muy limitada, sobre todo, los primeros días. Me tenían que mover y ayudar en todo. No sé qué habría hecho sin Anna... Ella lo sufrió, lo experimentó, lo disfrutó incluso, lo saboreó, lo padeció... Reconozco que no soy un buen paciente, y menos en esas condiciones, en las que tenía absolutamente restringida la movilidad durante las primeras semanas. Pero tener a mi lado a mi mujer con su amor, su cariño y su predisposición lo facilitó todo. Se tuvo que multiplicar y esforzar para ayudarme a mí y cuidar, al mismo tiempo, a los peques. Se lo agradeceré eternamente.

* * *

Anna es una persona excelente y sumamente detallista. Por eso tiene una conexión tan buena con Andrés. Nunca se hacen mal entre ellos, los dos se tratan bien porque tienen algo en común. Bueno, son muchas cosas. Pero algo en especial: ambos son muy sensibles, ninguno de los dos soporta mucho el conflicto. Y los dos buscan esa parte de calma, tranquilidad, armonía. Sí, esa es la palabra. Armonía. Que haya mucha armonía en casa.

MARIAN

* * *

En todo ese tiempo Anna me mimó y me cuidó de una manera muy especial, sin duda. No era nada fácil, pero lo intentábamos llevar con mucha naturalidad y normalidad. Obviamente, no podía ni caminar. Valeria, nuestra hija mayor, era la más consciente de lo que sucedía. Ella es sensible, observadora. Aunque no habla mucho, se fija en todo, incluso en el más mínimo detalle. Me miraba aquella gran cicatriz que tenía (y tengo) en la pierna derecha.

Y yo, mientras, empezaba, poco a poco, la recuperación. Ante todo, necesitaba tener una gran fortaleza mental, que es más importante incluso que el aspecto físico. Pero no todos los días eran iguales. Había algunos en los que notaba algo extraño en la cicatriz y entonces pensaba que la recuperación se retrasaría, y otros en los que no me apetecía bajar a ejercitarme o meterme en la piscina para caminar primero y realizar series de largos después. Tenía días de todo tipo, pero no podía desfallecer. Es fácil decirlo; lo complicado es hacerlo, pero no quedaba otra. Tenía que seguir sí o sí.

* * *

Todo fluye y sale fenomenal. ¿Por qué? Porque Andrés tiene pasión por jugar al fútbol. Le gusta el simple hecho de jugar.

RAÚL

* * *

Hubo momentos de incertidumbre, claro. Recuerdo un día en que me hice daño junto a la cicatriz. Al principio, no sabíamos las causas de ese dolor, pero rápidamente solventamos el problema porque los doctores detectaron de dónde provenía. Se debía a unos ejercicios que habíamos hecho. Como no tenía fuerza en la zona, se generaron esas molestias. No estaba relacionado con la cicatriz porque lo que hacíamos estaba muy medido. Dábamos pasos firmes y seguros. Estaba todo milimetrado, pero nunca puedes escapar de la incertidumbre.

Además, Emili y Robert son muy pesados, '*pesaillos*', en el mejor sentido de la palabra. Es como debe ser. Tienen que serlo para sacar lo mejor de cada uno de ellos. Emili, con su experiencia, conocimiento, recorrido, conectaba con esa juventud y agresividad, bien entendida, de Robert, ese empuje que tenía, esa fuerza en determinados momentos. Se compenetraron muy bien. Y no es algo fácil en este mundo en el que vivimos. No es sencillo conectar con alguien por un bien común. Aprendieron muchas cosas uno de otro. Hicimos un equipazo, con ellos en el día a día, con Raúl en Madrid y el doctor Cugat en Barcelona.

* * *

Estaba todo muy estructurado. Había un protocolo muy estudiado y trabajado. No podíamos permitirnos que fuera de otra manera porque Andrés solo quería irse del fútbol cuando él tomara la decisión. No estaba dispuesto a que la lesión, o cualquier otro tipo de circunstancia, le empujara a abandonar su carrera. Lo quería tener todo en sus manos.

RAÚL

* * *

Aquella lesión, que era nueva y grave, me sirvió para conocerme a mí mismo muchísimo más. Me permitió comprender lo que puedes llegar a ser capaz de hacer cuando te mueve esa fuerza interior que todos tenemos, ese sentimiento que nos hace avanzar, incluso en los peores momentos, cuando crees que no merece la pena. Lo importante es ser consciente de la pasión que te mueve.

Cada día era un paso para estar más cerca del balón. Empezábamos por la piscina, luego nos íbamos a caminar a un campo de golf, después a la montaña... No hubo descanso. Era un trabajo duro en cada una de las fases que me habían marcado, sin ningún episodio negativo que recuerde de manera especial. Me dolía, pero era normal. Sabía que en unos días se me pasaría y estaría mejor.

No puedes pararte a pensar en el dolor. Tienes que encontrar algo positivo que te permita evolucionar, mejorar, superarte a ti mismo. Sabes, además, que la exigencia es muy alta. La de los demás y, sobre todo, la tuya, que es la que te hace ser mejor deportista y mejor persona.

El momento más feliz de aquellos meses no fue cuando volví a jugar un partido de fútbol, sino el día en que pude completar mi primera carrera «normal». Es el valor de las cosas que damos por sentadas, cuando en muchas ocasiones no lo son. Recuerdo haber terminado esa carrera y emocionarme. Se me caían las lágrimas. Mientras estaba corriendo pensaba: «Sí, puedo hacerlo. ¡He vuelto a correr!». Me hizo tan feliz ese instante como aquel en el que me puse de nuevo las botas. Lo pondría a la misma altura, aun sabiendo, por supuesto, que el sumun sería el día en que volviera a jugar un partido de fútbol.

* * *

Era un hito, un pequeño hito. Entiendo lo que debió de sentir Andrés aquel día en que se puso a correr. Porque para él poder correr marcaba un hito. Y, así, de pequeños objetivos se va construyendo el gran momento en que uno puede sentirse, de nuevo, futbolista. Comprendo perfectamente esa emoción que vivió, las lágrimas, porque era el único camino que tenía para ir avanzando. Él no claudicó ni se vino abajo. Insisto, no quería que una lesión lo retirara. Eso y su pasión y amor por el fútbol fueron los elementos clave para salirse con la suya. En eso siempre ha sido terco, obstinado.

RAÚL

* * *

De aquella lesión y aquellos momentos duros, de aquel viaje Doha-Barcelona, de la operación, de la recuperación, de todos ellos, confirmé algo que ya tenía interiorizado de antes: solo no puedes, solo no llegas a ningún lugar. Por muy fuerte que seas o te creas, no tienes las herramientas para conseguirlo. Por eso, doy las gracias a quienes me acompañaron entonces y me acompañan siempre.

Ahora, cuando miro atrás, lo que percibo en mucha gente es el cariño y el respeto que me tienen. Habrá otros a los que eso no les importe nada, y también los respeto, pero sentir esa consideración y ese afecto es el mayor premio que uno puede tener. Eso es, al menos para mí, mucho más valioso que cualquier otra cosa. Claro que jugamos para ganar partidos, lograr títulos y hacer felices a millones de personas, pero, como individuo, el mayor orgullo que siento es el reconocimiento que recibo.

Por cómo soy y he sido en un campo de fútbol, por cómo me he comportado fuera, por cómo he respetado todos los códigos de este deporte y por cómo he sido en la victoria y en la derrota. Han sido muchos años los que hemos estado juntos, yo en el campo y ellos en la grada, Eso es lo más bonito que puedes sentir.

7
Conexión
(Cuerpo y mente)

Si tuviera que elegir lo mejor de mi carrera deportiva me quedaría con el cariño y el respeto que he recibido de millones de personas. No creo, sinceramente, que haya nada tan valioso como eso. Jugamos al fútbol para hacer feliz a la gente, aunque al principio, cuando estaba en el pueblo, lo hacíamos por pura diversión. Luego, como es normal, se va sumando cada vez más responsabilidad, pero nunca debemos olvidar que se trata de que el público se divierta.

Haber sentido ese afecto allá adonde he ido es un tesoro incalculable. Me pasó en Barcelona y también cuando jugaba con la Selección. Me volvió a ocurrir en Japón y también en Emiratos. Me he sentido tan bien y tan querido en todos los sitios en los que he estado que no sé cómo puedo devolver ese cariño. No creo que sea posible.

Tal vez muchos piensen que ese amor que me ha brindado el público se deba a mi trayectoria como jugador, pero yo siento que ha sido, sobre todo, por mi comportamiento y por mi forma de ser y entender que el deporte es una grandísima escuela de valores, donde en muchas ocasiones se sintetiza lo que es la propia vida.

Poder transmitir un poco de felicidad con mi fútbol es algo maravilloso, pero percibir que la gente se ha sentido orgullosa de cómo soy y de lo que represento en un terreno de juego es indescriptible. Lo realmente importante es sentir pasión por algo y, a su vez, una gran ilusión por avanzar y evolucionar como persona. Debes tenerla por todo lo que haces, y disfrutar con tu familia, acompañar en todo momento a tus hijos, estar al lado de tu gente… Esa ilusión no la puedes perder, aunque sabemos que nada es para siempre y que tampoco existe una línea recta que una todos los puntos. Es en los momentos difíciles, que los hay y los habrá para todos, cuando debemos tener la capacidad de encontrar la energía necesaria para superar las dificultades.

El deporte, en mi opinión, es la mejor escuela. Te obliga a no rendirte y te exige pelear cada día un poco más, porque si te detienes, como ya he dicho, hay otras personas que te pasarán por delante. Te lleva al límite, tanto en lo físico como en lo mental. Todo está conectado: la vida cotidiana y el deporte no son dos compartimentos estancos.

* * *

Andrés cambió mucho durante aquel duro año que le tocó vivir entre 2009 y 2010. Hicimos un considerable trabajo de «remodelación», que consistió en recuperar la condición viscoelástica de algunos tejidos que había ido perdiendo con el paso del tiempo. Había entrado en unos niveles altos de rigidez por sobrecargas crónicas como consecuencia de procesos que no se habían resuelto, y por ello estaban quedando enmascarados en su propio cuerpo. Pero gracias a muchas horas de camilla, a más tiempo de trabajo físico y a un mayor cuidado en su alimentación, empezamos el proceso de remodelación y a recuperar el comportamiento viscoelástico. Se parece, por poner un ejemplo, a cuando tú deformas una goma y, una vez ha perdido la elasticidad, intentas devolverle su forma original. Cada vez que sucede esto se libera una energía llamada histéresis. Lo que hicimos con Andrés fue devolverle la capacidad de almacenar y ceder energía.

RAÚL

* * *

Todo se puede entrenar, no solo el cuerpo. También se ejercita la mente. Cuando eres joven, no tienes problemas para «recuperar» después de un partido. Tienes veintidós años y piensas que puedes con todo, pero luego, a medida que vas cumpliendo años, descubres que necesitas otras herramientas para mantener ese mismo rendimiento. No basta solo con entrenarte en el campo, debes cuidarte al máximo en todos los niveles. En mi época eso no era tan habitual. Ahora, afortunadamente, los jugadores jóvenes son conscientes de la necesidad de trabajar todos los detalles: el físico, la salud mental, la nutrición, el descanso, la calidad del sueño... Todo es importante y cuenta. Solo de esta manera aceptas mejor algunas situaciones que antes no entendías porque no les prestabas la más mínima atención. Diría que todo influye, lo que pasa fuera del campo y lo que ocurre dentro. ¿Por qué? Porque si no estás bien en esos planos, no puedes sacar lo mejor de ti.

* * *

A Andrés le pasaba algo que suele ocurrirles a muchos otros deportistas. Empiezan a perder el correcto comportamiento viscoelástico por una saturación, o a padecer lo que yo llamo una «enfermedad de fuerzas». Cuando se está enfermo de fuerzas, es preciso hacer un trabajo de reconstrucción puramente artesanal.

En el caso de Andrés comenzamos a tratarle cuando estaba en la Selección española y continuamos en el Barça. Él lo entendió perfectamente porque tiene, como ya dije, inteligencia neuromuscular. Fue consciente de la trascendencia de todo este proceso que resulta necesario para comprender mejor su cuerpo. Cuando lo examiné vi que tenía cicatrices antiguas, enmascaradas... Sí, enmascaradas, esa sería la palabra adecuada. Eso dificultaba su armonía. Hay un momento en que él entra en una especie de colapso físico que tiene una estrecha correlación con la mente. Y al revés. No es ni una ni otra, simplemente es bidireccional.

El modelo cartesiano que nos habla de cuerpo y mente ha quedado muy obsoleto. Todo está relacionado.

RAÚL

* * *

Insisto, todo está relacionado: la salud física y el bienestar mental. No se entiende una cosa sin la otra. Además, el deporte te lleva constantemente a un estado de acumulación de emociones. Tienes que saber canalizarlas, entenderlas y, sobre todo, gestionarlas. Pero tú solo no puedes hacerlo. Necesitas la ayuda de los especialistas, que te enseñarán el camino adecuado. Por suerte, los jugadores tienen hoy muchos más medios que nosotros en nuestra época.

La gestión de las emociones está presente en cada minuto de un entrenamiento. ¡Imaginad en un partido! Cada decisión que tomas tiene su consecuente repercusión: fallar un pase, dirigirte de manera irrespetuosa a un compañero, enfadarte con el rival, ejecutar mal una jugada que habías pensado durante días y luego resulta que no sale como imaginaste… Debes gestionar y aceptar el error de tal manera que no te provoque un desconsuelo que luego te impida reaccionar.

También tienes que respetar los códigos, las normas y las situaciones que al inicio de tu carrera te resultan naturales, pero que luego, con el paso del tiempo, se transforman en frenos para desarrollar tu talento. Necesitas construir tu personalidad día a día, jugada a jugada, porque esa es la exigencia del fútbol y, si es de élite, más aún. Tienes que estar pendiente de muchas situaciones y para ello necesitas herramientas a las que agarrarte en momentos delicados. Eso lo he aprendido con el paso de los años.

A medida que transcurre el tiempo, la carga de partidos, entrenamientos, viajes y concentraciones es cada vez mayor, y eso lo nota tu cuerpo. Por eso el descanso es básico y por eso dicen que es por la noche cuando se repara todo. De ahí la necesidad que tenemos de interiorizar las cosas que nos hacen bien, no tomarlas a la ligera. La clave es hacerlo lo antes posible porque eso te permitirá que tu carrera deportiva sea más larga y, sobre todo, que se desarrolle en las mejores condiciones. El reto mental es tener constancia y poner todo tu empeño diario en el trabajo.

* * *

No podemos pensar en términos de estar bien o mal físicamente, tampoco de estar bien o mal mentalmente. Hay una interocepción, es decir, unos mensajes internos que conectan ambas cuestiones y que nos permiten descubrir todo lo que sucede en nuestro cuerpo, en nuestras vísceras y en nuestra mente.

Raúl

* * *

Hay deportistas que trabajan con el cerebro del corazón porque alcanza a tener tal estado de coherencia que lo que le transmite está llegando a su cerebro craneal y ambos se acompasan. Es como un director de orquesta que va fusionando todos los instrumentos. Y se alcanza el siguiente paso de nivel mental: el *flow* o la sinfonía.

A él le fluyen las cosas, mientras que otras personas, y en idéntica situación, se colapsan. Nos estamos colapsando en muchos casos. Andrés es un artista, capaz de desbloquearse justo cuando los demás siguen los parámetros fijados. Me han dicho que tengo que dar un pase a la derecha, pues lo doy. Andrés, no. De pronto piensa que lo mejor es hacerlo a la izquierda. ¿Por qué? Porque tiene esa intuición natural que le ayuda a superar los patrones fijados. Por eso, él siempre dice que es el mismo niño que jugaba en la pista de Fuentealbilla. Y es verdad. Se guía por una intuición y una curiosidad de niño no sesgada por los patrones y coacciones de la mente.

Al contrario, es capaz de interesarse y de querer aprender de todo y de todos y estando continuamente curioso y despierto.

Toña

* * *

Andrés es un genio, esa es la verdad. Y el motivo es que no hay muchas personas que tengan esa capacidad de crear cosas excepcionales. Además, tiene una parte atormentada. Si hubiera sido escritor, sería un poeta maldito, y si se hubiese convertido en una estrella del *rock,* sería un Kurt Cobain o una Amy Winehouse. Andrés en el fútbol es de ese tipo de personas, pero con un trasfondo cargado de mucha belleza y romanticismo. Le gusta lo bonito, el amor. Tiene valores y es muy competitivo. También destaca por ser un rebelde; tiene un ego importante. Sabe perfectamente quién es, y creo, además, que siempre lo ha sabido, siempre ha sentido que poseía un algo especial. Sin embargo, únicamente lo ha expresado a través del juego, no en otras facetas. Andrés no quiere presumir de eso y ha tenido la virtud de no despistarse en asuntos que le hicieran olvidar lo más importante para él: jugar al fútbol.

RAÚL

* * *

Tiene armonía, coherencia, facilidad y belleza en todo lo que hace. Es una especie de arte o predisposición a la creatividad producto de un estado de conexión interna o energía especial. Se puede ver en la literatura, en la cocina, en la medicina, en el fútbol… Se expresa de una manera artística cuando tiene el balón en los pies. No soy una experta, pero cuando lo veías en un campo desprendía capacidad de conexión, empatía, belleza y altruismo en su juego. Lo veías siempre en un plano distinto, intuyendo y anticipando la siguiente jugada. O la siguiente. Eso no es nada casual. Creo que es un cerebro más evolucionado o con la capacidad de expresar a través del juego y de su vida una serie de «cualidades y valores más humanos» en el más amplio y evolutivo sentido de la palabra.

Toña

* * *

Hay jugadores que terminan entendiendo el juego una vez que alcanzan la madurez, pero hay otros, Andrés sería uno de ellos, o Luka Modrić, por citar otro ejemplo, que lo comprenden desde que son muy jóvenes, diría que desde que son niños. Una vez que son conscientes de ello, pueden pasar al siguiente nivel: jugar de una forma más económica, administrando y gestionando mejor su energía. No desperdician un solo gramo. Y eso es lo que hizo Andrés en los últimos años porque esa interocepción, esos mensajes que recibía en su cerebro, era capaz de entenderla. Acumulaba información cinestésica unida a la que le proporcionaba la víscera, esto es, el nervio vago y todo lo demás. Eso configuraba su información interna, que le proporcionaba la motivación por la que iba a liberar los neurotransmisores adecuados.

Raúl

* * *

Su cuerpo y su mente estaban alineados en la misma dirección, y eso puede comprobarse nada más llegar a Japón. Allí sintió una conexión espiritual. Él venía del Barça, que le oprimía y no le dejaba respirar, mientras que la cultura japonesa es todo lo contrario: orden y calma, aunque el orden llevado al extremo tampoco es bueno porque entras en un estado de rigidez. Pero cuando Andrés encuentra el silencio y la calma en Kobe, todo le resulta mucho mejor. Es un hombre de pocas palabras, le gustan los hechos. Y Andrés, en Japón, se alinea con su esencia de una manera muy plena; eso es evidente.

MARIAN

* * *

Hubo un momento en que Andrés sufrió un colapso en su sistema linfático. Padecía un bruxismo exagerado, que es una afección por la que una persona rechina, aprieta o hace crujir los dientes. Y te puede pasar mientras estás dormido o despierto. Además, tiene hipervigilancia oclusal, que es una alerta extrema en detectar amenazas de su entorno. Como decía, empezó a sufrir un colapso en una zona clave para nosotros, porque el sistema linfático se encarga del «lavado» del sistema nervioso central, es decir, del lavado y la limpieza del cerebro.

Todo esto tiene un trasfondo disfuncional y puramente mecánico. Se puede tocar, se puede palpar, se puede arreglar. Muchas veces no aparece, pero se produce una manifestación de que algo ocurre en el cuerpo, aunque no se vea exteriormente. Y tiene traducción, por lo tanto, en la elaboración del pensamiento, que influye, por supuesto, en los estados de ánimo. En esa interocepción que tiene Andrés se manifiesta todavía más, porque si es tan fino, tan preciso, tan delicado, tan sensible y posee esa inteligencia neuromuscular, cuando existe alguna disfunción, el impacto es mayor.

RAÚL

* * *

Cuando vives en un estado de alerta constante, tu sistema inmune se altera. Entonces tus niveles de cortisol, que es la hormona que se segrega en las glándulas suprarrenales, te satura y te intoxica, y la corteza prefrontal —la zona del cerebro que te ayuda a concentrarte y a enfocarte— se va deteriorando. Vives entonces en lo que se denomina tensión cutánea, que te daña y te provoca estrés. En algunas situaciones incluso puede ser beneficioso, por ejemplo, si tienes que tirar un penalti, pero, si estás lanzando penaltis en la Champions todos los días, llega un momento en que cuando vas hacia la pelota te tropiezas y te caes. La clave es comprender que la alerta constante te deja muy expuesto, por lo que debes cuidarte mucho.

MARIAN

* * *

Andrés, con una pelota pegada a los pies, es capaz de resolver situaciones complejísimas, sin apenas espacio físico y rodeado de cuatro o cinco rivales. Le sale de forma natural y sencilla, proyectando la imagen de que cualquiera de nosotros podría hacer lo mismo, pero no. Él tiene esa capacidad de solventar esos lances gracias a que posee una intuición increíble, porque parece que tiene un radar en su cabeza que le va avisando en cada momento del camino que debe tomar. Y esa finura que posee, cuando está alterada, le hace mucho daño.

Pongamos un ejemplo. Imaginémonos a un director de orquesta. Si oye un género musical que le espanta, le afectará más que a cualquier otra persona. A Andrés le ocurre lo mismo, esas disfunciones le impactan de una forma más aguda que a personas que no tienen su sensibilidad física y mecánica. Él me preguntaba:

—¿Me pasa algo?

—Sí —le respondía yo—, pero tienes un mecanismo en el cerebro que te protege y te oculta esa información.

—¿Qué es? —volvía a consultarme.

—El tálamo, un área del cerebro que te filtra la información que te llega a través de los sentidos y la va transmitiendo a otras partes de tu cuerpo. No tienes esa percepción y no eres consciente, pero está ahí. Poco a poco tenemos que destapar ese obstáculo para descubrir lo que te sucede de verdad.

RAÚL

* * *

Andrés es un hombre muy sensible, nada convencional. Es una persona capaz de profundizar en cualquier ámbito. Si le hablas del amor, él piensa en Anna, en sus hijos, en su madre, en su padre, en su hermana... Conecta con la sensibilidad y percibes lo profundo que es. Capta cosas y debe alinearse con eso que ha percibido. Lo siente y lo hace. Él es así porque tiene la capacidad de no enredarse con el éxito. A algunos les hace mostrar a veces dos caras totalmente distintas: una por fuera y otra por dentro. Andrés no. Él ha sabido identificar dónde ha padecido el miedo.

Tener éxito no hace que los miedos desaparezcan. Siguen ahí, dentro de ti. En ocasiones continúan invariables porque en el fondo hay una serie de inseguridades que debes trabajar e identificar. Él lo ha hecho, y tengo la sensación de que desde que era muy pequeño era plenamente consciente de todo lo que estaba viviendo. Pero en ciertos aspectos de su vida ha mostrado una madurez muy grande para la edad que tenía. Él vivió en soledad durante mucho tiempo, y eso le acrecentó su espíritu. Por eso, creo, cuida tanto a su familia y a toda su gente, para que no sientan esa sensación que él sí tuvo. Una soledad terrible.

MARIAN

* * *

Andrés es muy poliédrico, tiene múltiples aristas. No lo puedes definir con una sola palabra. Es una persona extraordinariamente inteligente, muy observadora, que saca sus propias conclusiones sin guiarse por lo que digan los demás. Ha madurado muchísimo como persona al quitarse miedos, cargas y demás pesos; podemos decir que se ha hecho un hombre superando cientos de dificultades. Y su mente se ha desarrollado y crecido con él. En muchas ocasiones le he comentado: «Vienes con el libro de instrucciones en coreano», como cuando compras cualquier aparato y, al ir a ver cómo funciona, te das cuenta de que solo está escrito en coreano. Es de ese tipo de personas que funcionan de forma diferente al resto.

Recuerdo, por ejemplo, aquellas concentraciones con la Selección española. Le encantaba estar solo en su habitación. A él le aburre un poco lo convencional, prefiere su soledad, su momento y conectar con su gente, esa con la que ya ha pasado sus filtros. Filtros o fronteras, todo hay que decirlo, que no son nada fáciles de cruzar. Una vez los traspasa, te dice, y no siempre con palabras: «Esta persona es mi amiga y confío en ella». Pero antes te ha hecho un examen previo de larga duración. Si lo superas, Andrés se entrega completamente. Es un amigo incondicional. También diría, sin lugar a dudas, que no es una persona a la que le divierta lo superfluo. Él necesita todo lo profundo, buscar la emoción, ir al máximo siempre.

RAÚL

* * *

Todo eso me lo ha dado el deporte, sin duda. He aprendido muchísimas cosas y he descubierto el mundo a través del fútbol, conociendo a gente de todo tipo. También me ha permitido descubrir nuevas culturas. Siempre detrás de una pelota y en busca de ese propósito que me ha guiado desde que era un niño. No entiendo la vida sin esa fuerza que te provoca tener ilusión por conquistar algo. Es primordial e imprescindible sentir pasión. Es lo que te mueve de verdad.

Lo que he vivido con el fútbol es impresionante. Es una escuela de aprendizaje permanente y también de sacrificio, trabajo, entrega, pasión, de aceptar y de entender —aunque te duelan las derrotas—, de evolucionar, de escuchar… Es todo. Tiene una dimensión única que te permite construir poco a poco tu personalidad. A medida que juegas, adquirieres todos esos detalles porque empiezas a conocer mejor tu cuerpo y tu mente. Y lo más valioso es que lo que incorporas puedes enseñarlo y compartirlo, y aprender de la persona que tienes a tu lado, ya sea un compañero, un entrenador, un rival o un educador. Te obliga a hacerte con una disciplina y una constancia —unidas a la necesidad de no rendirte y no bajar los brazos— que se van metiendo dentro de ti.

Si no avanzas tú en esa dirección, habrá otros que sí lo hagan. Y si no estás aprendiendo es porque no haces lo que debes. Además, es un examen permanente. Lo ves desde que eres pequeño. Al principio, son los profesores o los entrenadores los que tienen que guiarte, entendiendo que cada persona y cada jugador o jugadora es especial en sí mismo. También creo, y lo veo ahora con mis hijos, que dentro de ese orden y de esa determinada estructura debería permitirse la libertad en el juego. Es muy importante que los niños, cuando jueguen con sus amigos o con gente mayor —yo lo hacía en mi pueblo cuando me pasaba horas y horas en la pista del cole—, disfruten del fútbol de una manera más pura, más limpia. Debe ser una experiencia diferente a cuando ya están dentro de una academia.

El juego en la calle te proporciona una creatividad que te sirve para toda la vida. A veces, como adulto, o en este caso como padre, tienes que olvidarte de estar siempre corrigiéndoles o indicándoles lo que deben aprender. Y es que, por sí solos, en esos partidos con sus amigos, son capaces de asimilar muchas cosas. Yo lo he vivido.

Eso me ha permitido alcanzar las metas que me planteé. Además, siempre hay momentos y lugares para todo: para corregir, para instruir, para observar en silencio, para dejarlos tranquilos... Sin olvidar que no todos estamos cortados por un mismo patrón ni cumplimos esa frase tan típica de que «somos iguales».

No es verdad. Cada uno posee unas cualidades que lo hacen diferente. No digo ni mejor ni peor, sino distinto. Es importante entender y asumir que, si somos diferentes, no podemos ser tratados de idéntica manera. No se puede decir: «Si no llegas a esa línea, no eres bueno y no me vales». Todo se debe medir dentro de un contexto y, cuando estás en un grupo de más de veinte jugadores —como los que integran cualquier vestuario—, que, además, proceden de culturas muy diversas, es preciso valorarlo con mucho tacto.

Por ello, es imprescindible iniciar estos procesos desde la formación, cuando empezamos a jugar siendo unos niños. Luego, la élite o el mundo profesional es totalmente distinto, pero es necesario que esos procesos iniciales nos ayuden a mejorar como futbolistas y como personas. Luego están el carácter y la personalidad de cada uno. Hay gente a la que le gusta recibir estímulos negativos, o se siente cómoda, y hay otros que no toleran esa clase de ambientes adversos. Eso depende de cada uno, y, por lo tanto, debe gestionarse de manera diferente. Yo, por ejemplo, a nivel emocional creo que he sido equilibrado. Alguna vez se me habrá ido de las manos o habré protestado, pero, en líneas generales, mi comportamiento ha sido bastante estable porque siempre he huido de los extremos.

Debes intentar mantener esa coherencia en todo lo que haces. Por un lado, eres una persona con visibilidad, pero, por otro, eres el padre de tus hijos, con la responsabilidad que eso implica. Debemos mantener ciertos espacios de nuestra vida privada fuera del juicio de los demás, e intentar que se respeten. Eso me ocurre justo ahora, cuando voy a ver jugar a mis hijos o hacemos alguna actividad en familia. Es difícil de conseguir porque, cuando llegas a cualquier lugar, la gente solo te ve como deportista y no como persona. Ven al jugador, al ídolo, a aquel que para ellos es alguien increíble o que ha logrado crearles momentos únicos de felicidad. Sin embargo, al mismo tiempo, tú tienes que protegerte un poco. Y siempre he dicho que lo que se expresa con educación y respeto nunca puede molestar.

No obstante, insisto, siempre he sentido ese cariño inmenso por parte de la gente. Te crea una sensación increíble cuando una persona se te acerca para elogiarte o simplemente para darte las gracias por lo feliz que le has hecho. Y me encanta corresponder de la mejor manera posible, aunque con el tiempo también he aprendido a intentar cuidar ese espacio íntimo y personal que todos poseemos.

Sé que ese afecto que he recibido a lo largo de mi carrera se debe también al cariño y el respeto que he mostrado hacia esas mismas personas, por su infinito amor al fútbol y al deporte, y por lo que yo haya podido despertar en cada una de ellas, tanto dentro como fuera del campo.

8
Aprendizaje
(Futuro)

En mi mente ya iba preparándome para cuando colgara las botas. Me refiero solo al plano profesional, porque jamás dejaré el fútbol. Me iba mentalizando para que esa «descompresión» fuera paulatina. Fue entonces cuando empecé a estudiar para ser entrenador. «Me saco el título y, si puedo seguir jugando, ¡genial!». Pero ya no se trataba solo del fútbol. De forma inconsciente empecé a aceptarlo. Además, tampoco se dieron las circunstancias para que siguiera un año más en Emiratos. Entendí que era el momento. Fue, sin duda, una señal.

Si ya estaba pensando en otras cosas, como la de sacarme el carnet de entrenador porque el tiempo se iba acortando, quiere decir que, en realidad, estaba aceptando que dejaría de jugar. Tenía posibilidades de fichar por otro equipo, y podría haber seguido intentándolo, pero era el momento de ser honesto conmigo mismo. No tenía la fuerza para continuar, aunque algo dentro de mí me decía que siguiera. Esa sensación la habría tenido siempre, incluso con sesenta o setenta años. Es verdad que alguien me podría decir: «Aquí tenemos un proyecto muy chulo para ti; tú lo liderarás». Y yo pensaba: «Ya, pero el que sale a entrenar con el 8 y el nombre a la espalda soy yo». Me hacía muchas preguntas, a pesar de no tener todas las respuestas: ¿Me queda energía para volver a cambiar de ambiente y para seguir entrenando? ¿Quiero, de verdad, volver a todo eso con el sacrificio que representa?

Dudaba, algo que no había hecho jamás hasta ese momento. Si quería algo, iba con todo para conseguirlo, porque no veía dificultades en mi camino que me pudieran desanimar. Pero ahora era distinto, ya que no lo tenía tan claro. Si dudas, no puedes asumir un reto de ese calibre. Y lo que hacía era buscar excusas: «Esto no es seguro, y aquello, pues..., no sé si irá bien». Se trataba de señales que iba recibiendo y, al final, era un asunto de aceptación. Sabía que tenía que parar, pero mi inconsciente me decía: «¿Y si continúo otro año?».

Esto lo trabajé muchísimo con Inma. Todo consistía, en el fondo, en decir: «Se acabó, ya está. No hay que alargar más. Vamos a lo otro, a focalizarnos en lo siguiente». Existían diversas respuestas posibles a este proceso, y yo ya me había planteado casi todas, incluso la del «duelo» que suponía dejar el fútbol en activo. Solo me faltaba la fase de la aceptación: «Hoy digo no, y no pienso más en eso». Y la sentencia: «Fin». Era lo que más me costaba, porque los otros procesos ya estaban más que superados. Y llegó un día en que me dije: «Andrés, se acabó. Estoy feliz de cómo lo he hecho. A otra cosa».

Durante el tiempo en que fui futbolista trabajé mucho para acelerar ese proceso. Lo hice con Joel, que es la persona que me ha acompañado a lo largo de mi carrera. Es mucho más que un agente, muy especial. Lo preparamos juntos para que, llegado ese día, no implicara un trauma, que lo fue, aunque si me preparaba con antelación, el impacto sería menor. Nos pusimos en esa situación para que el «día después» tuviera herramientas que me ayudaran a cambiar pronto de objetivo y de mirada, y así ha sido. Mi agradecimiento a todo el equipo de personas que he tenido detrás apoyándome para que en el momento clave estuviera todo a punto.

* * *

El día que Andrés me dijo «ya está», pensé: «Por fin, por fin…». Me saqué tal peso de encima que creo que perdí cuatro kilos. Era él, y solo él, quien debía tomar la decisión; nosotros solo estábamos a su lado para que nos sintiera cerca.

Anna

* * *

Hay una parte de todo el proceso que no resulta nada fácil de aceptar, y no puedes autoengañarte o, al menos, debes intentar no hacerlo. Cualquier persona es capaz de encontrar un argumento que valide lo que está pensando.

Es decir, si quieres seguir jugando, solo te apoyas en aquello que deseas escuchar, encuentras una razón para hacerlo. La tuya. Si no quieres, hallarás otro argumento distinto que, al mismo tiempo, reafirme tu opinión. Por lo tanto, es cuestión de mantener la cabeza fría y tener esa capacidad para decidir en función de lo que debes hacer.

* * *

Andrés no deja el fútbol y dice: «Me paro aquí y ya no vuelvo a hacer nada más». Él no es así, ni tan siquiera cuando era jugador, que se cuidaba al máximo, consciente de que esa era la única forma de mantenerse muchos años en el campo. Y ahora es igual. Mientras estaba en activo se estaba preparando para lo que vendría después. Él lo veía. Hablábamos mucho. Andrés siempre me decía: «¿Tú qué harías? ¿Sigo un año o dos más o lo dejo?».

Íbamos intercambiando opiniones. Unas le convencían más que otras, pero nunca dejábamos de hablar. Al final, él, y solo él, hizo lo que consideraba más correcto. Más tarde, puedes tomar el rumbo adecuado o no; eso ya es cuestión de tiempo, pero creo que todos los pasos que ha dado en su carrera han sido acertados, y ha sido así porque los ha pensado muchísimo. Era un momento en el que Andrés tenía que parar para disfrutar de sus chiquillos, de Anna, de su familia, lo que no había podido hacer mientras era profesional. Tengo la sensación de que le ha salido bien porque ha sabido encajar previamente esas piezas.

José Antonio

* * *

Creo que soy un afortunado por haber terminado mi carrera profesional sintiéndome en paz conmigo mismo, además de tener la sensación de haber alcanzado la plenitud por el trabajo realizado. No siempre puede ser así, pero yo sí lo concibo de esta manera porque ahora que no juego —y ya llevo varios meses fuera del campo— siento una felicidad enorme. Por todo lo construido antes y, sobre todo, por cómo lo he hecho, lo hemos hecho. ¡Es algo guay! Estoy muy feliz por poder llevar todas las mañanas a los peques al cole, recogerlos, compartir con ellos sus actividades extraescolares, hacer en casa lo que toque en cada momento, pasear con Anna, impulsar proyectos comunes. Cosas que parecen simples pero que antes no podía hacer de manera completa. Ahora las disfruto al máximo.

* * *

Soy de la opinión que durante todo este tiempo Andrés ha aceptado las situaciones tal y como venían, sabiendo lo que era conveniente o no. Al final, él no quería jugar por jugar. Y es normal y comprensible. Él es así para todo. No deseaba prolongar su carrera para perder el tiempo, siendo, como ha sido siempre, consciente de lo que es y lo que representa. Tenía claro que cuando llegara ese momento lo detectaría. También es verdad que lo trabajó largamente con Inma, y eso le ayudó a tomar la decisión definitiva.

Las dudas ya las arrastraba desde nuestra etapa en Japón. Y durante todo ese tiempo le fue muy bien meditarlo para asimilar lo que vendría después. No ha sucedido de repente, cuando te encuentras con que no tienes ningún equipo y te ves obligado a retirarte. No, no ha sido así. Él vivió un proceso más lento y pausado que facilitó que la decisión fuera incluso más natural y tranquila, hasta el punto de que no se planteara problemas del tipo ¿qué hago ahora con mi vida?, ¿no tengo proyectos de futuro, planes nuevos que me llenen?

En ese aspecto, Andrés lo hizo realmente muy bien. Desde mucho antes de apartarse de su pasión ya se estaba preparando, aunque fuera de forma inconsciente. Ahora siempre está ocupado, supermotivado con todos los proyectos que tiene con la empresa, muy conectado y pendiente de todo. Está contento, con mil cosas en la cabeza.

ANNA

* * *

Andrés asimiló que el fútbol se le terminaba porque es ley de vida. La edad no perdona, y menos aún en la élite, porque es un deporte en el que el nivel de exigencia es altísimo. Y Andrés, además, es autoexigente al máximo...

Para enfrentarte a todo lo que pide el fútbol actual, tienes que estar muy preparado. Y él, una vez más, tuvo la capacidad de verlo y anticiparse a la jugada, como suele hacer siempre. Ya desde el momento en que se fue del Barça empezó a prepararse mentalmente para ese día. No fue una decisión tomada a la ligera, sino que estuvo muy pensada, meditada y calculada. No es lo mismo que estar toda la vida en un club y, una vez acabas ahí tu carrera, pensar «cuelgo las botas y ya no doy más patadas a un balón». Eso tiene que ser muy duro.

Cuando Andrés se marchó a Japón fue como si le empezara a quitar fuerza a ese día que estaba por llegar. ¿Por qué? Porque allí no sentía tanta presión como en Barcelona. Sí, por supuesto, la presión que él mismo se puso, obligándose a dar lo mejor de sí mismo en cada momento. No podía fallarse a sí mismo ni a los demás. Fichó por el Vissel Kobe para construir algo grande, y lo logró junto al resto de sus compañeros. Gracias a ello se quitó poco a poco ese «gusanillo» del Barça.

Lo mismo le pasó cuando se marchó a Emiratos Árabes Unidos. Así, de forma lenta y muy trabajada, le fue restando fuerza emocional al día en que dijera: «Hasta aquí; ya no juego más». Y ese es uno de los momentos clave para cualquier deportista, el instante en que dejas de hacer lo que más amas, lo que llevas haciendo desde que eras un niño. Si no te has preparado antes, es normal que la situación sea difícil y compleja de gestionar. Pero eso Andrés ya lo tenía previsto. Y lo hizo, en mi opinión, muy bien.

José Antonio

* * *

Él lo aceptó. Y no hay nada mejor que entender determinadas circunstancias sin sumergirte en pensamientos autodestructivos. Tuvo la posibilidad de continuar, pero comprendió que era más positivo aceptar la realidad. Obviamente, le habría encantado seguir jugando al fútbol; diría que si fuera por él habría seguido toda la vida, pero hoy en día es clave pensar «cómo me hablo yo, cómo me cuento las cosas, cómo me culpo o no…».

La voz interior está íntimamente relacionada con la sensación de bienestar. «Cuanto peor me hablo, más me duele todo. Cuanto mejor me hablo, mejor me van las cosas». Andrés entendió que le tocaba aceptar esa nueva realidad, y lo hizo. Ese proceso no se desarrolla de un día para el otro, sino que necesita un tiempo, y es producto de un período de descompresión lento que le permite ir digiriendo todo. De Barcelona a Kobe, de Kobe a Ras al Jaima, y así hasta que tomó la decisión de dejarlo.

Pero antes, indudablemente necesitas adaptarte a la idea. Se trata de asimilar cómo tienes que reconducir tu camino cuando las cosas no salen como tú quieres. Seguramente hubiera podido jugar dos años más, pero si hubiera sido así, tendría que haberse reconstruido y reconfigurarse, porque el ser humano no está diseñado para ser siempre feliz, sino que lo está para sobrevivir, ya que contamos con mecanismos que nos permiten detectar amenazas y solventarlas. Y también existe la posibilidad de descubrir también pequeños placeres, disfrutarlos y aprender a vivir con cierto equilibrio, asumiendo, eso sí, que se pueden presentar malos momentos. Pero eso no significa que toda la vida sea un desastre; solo toca admitirlos. Y creo que en eso Andrés entendió que había llegado la hora de aceptar que dejaría el fútbol porque quería, y no al revés: el fútbol no lo dejaba a él.

MARIAN

* * *

Decía «fin» y, al mismo tiempo, explicaba que «el juego continúa». Sigo en el mundo del fútbol porque no me veo lejos de él. Antes, en el campo; ahora, fuera. Pero siempre «dentro». Continúo en un nuevo camino porque esto no es un punto final, sino el resultado de algo que se empezó a elaborar desde hace mucho tiempo. Ya no jugaré en el campo golpeando al balón, pero todo lo que haga de ahora en adelante estará relacionado con ello en diferentes vertientes o en diversos ámbitos. Todo gira y seguirá girando alrededor de la pelota. Ya no está en mis pies, de acuerdo, pero sigo trabajando en su entorno. Ahora mismo no hay nada concreto en el futuro inmediato, pero continúo trabajando.

* * *

Andrés tiene la capacidad de ver esas cosas que otros, a veces, no ven. Y tenía muy claro que deseaba seguir vinculado al fútbol, aunque sea desde otro rol. Ahora se está sacando el carnet de entrenador. Además, a dos de sus hijos, Paolo Andrea y Romeo, también les gusta mucho. Creo que echa más horas acompañándolos que cuando era jugador. ¡Ja, ja, ja! Y todo eso le hace ser feliz, porque él siempre ha sido una persona muy activa.

Siempre estamos en contacto, pendiente de todas las cosas. Hablamos también de trabajo intentando que los negocios vayan de la mejor forma posible. No puede estarse quieto. Su cabeza no descansa. Da igual donde esté, ya sea en Barcelona, Kobe o Emiratos... Está pendiente de cualquier detalle, y por eso le cuesta menos seguir esta vida lejos del fútbol...; perdón, sin el balón entre los pies. Sin el fútbol Andrés no estará nunca.

José Antonio

* * *

Quiero formarme como entrenador, de eso no tengo ninguna duda, y llevar a cabo todo el proceso necesario.

Estoy trabajando en ello. Ahora toca estudiar, leer, aprender y empaparme de muchas y nuevas cosas que asoman en mi horizonte más inmediato.

* * *

A él le va a venir muy bien este tiempo nuevo de formación. Tiene que aprender y descubrir cosas nuevas. Y, además, está motivado al máximo, como siempre que se ha enfrentado a un nuevo desafío. Cuando Andrés hace algo se entrega al máximo, lo da todo.

José Antonio

* * *

Estoy inmerso en diferentes iniciativas en las que llevo trabajando desde hace tiempo y que tienen ese componente de pasión que para mí resulta fundamental. Son proyectos que me apasionan, como la Iniesta Academy, y otros planes empresariales, con muchas ramas en las que estamos trabajando. Me aportó mucha tranquilidad a la hora de tomar la decisión de dejar de jugar porque entendía que, al mismo tiempo, se abrían nuevas y apasionantes posibilidades. En mi cabeza siempre estoy pensando en cómo mejorar las cosas, cómo hacerlas evolucionar… Y a nivel familiar ahora dispongo de tiempo de calidad con los míos. No hay horarios de entrenamiento, ni viajes ni cuidados que antes sí me limitaban.

* * *

Este tiempo le va a reforzar en muchas cosas que desconoce. Es lógico que sea así porque no tiene nada que ver con lo que ha vivido hasta ahora. No es lo mismo ser jugador que entrenador; este último tiene más responsabilidad, y así debe ser. Todo pasa por sus manos, tanto lo bueno como lo malo. Y es obvio que primero le penalicen a él antes que a un futbolista.

José Antonio

* * *

No creo que sepa todo del fútbol. Sé jugar y lo he intentado hacer de la mejor manera posible. Lo entiendo, eso sí, según la idea con la que he crecido desde que era un niño y que he terminado haciendo mía. He vivido vestuarios, compañeros, entrenadores…. He vivido, en realidad, muchas cosas que solo puedo conocer por haber estado ahí. Solo así lo puedo sentir, más que nada porque he adquirido experiencias a un nivel que mucha gente no vivirá en su vida. Pero con eso solo no basta; el fútbol es mucho más. Es estrategia. Debe mirarse desde otros puntos de vista. Y si empiezas a pensar como entrenador, es evidente que tienes que reflexionar de forma muy distinta a cuando eras jugador. Cuando eres futbolista, piensas en ti y luego en el equipo. Cuando eres entrenador, no. Por eso resulta tan diferente.

* * *

Le va a venir bien hacerse fuerte, aprender y formarse para todas las circunstancias a las que le tocará enfrentarse. Y ahora, como es lógico, lo que debe hacer es aprender de muchas personas que han vivido experiencias similares, tanto en sus inicios como ahora que han llegado a lo más alto. Uno se muere aprendiendo. Y, si un día decide ser entrenador, debe adquirir los conocimientos y las herramientas necesarias. Esa es la clave.

JOSÉ ANTONIO

* * *

Me lo tomo con calma. No tengo ningún objetivo cerrado, o eso que se dice: «En equis tiempo quiero y debo estar allí». No, no pienso así. Para mí es como un proceso natural de aprendizaje, de mejora y de error, por supuesto. Y hasta donde me lleve el camino. Ese es mi planteamiento inicial.

No tengo ningún referente concreto. Solo quiero ser yo mismo. Cuando soñaba con ser futbolista tenía dos ídolos: Pep Guardiola y Michael Laudrup. Si me preguntan quién querría ser como técnico, no sabría qué decir. Tienes que valorar el camino que sigues, en qué equipos estás, con qué clase de jugadores cuentas... Es evidente que hay una forma de jugar que sí siento como mía porque es con la que me identifico. Me gusta escuchar e intentar aprender tanto de Guardiola, por ejemplo, como de un entrenador que esté en Segunda División. ¿Por qué? Porque todo es fútbol y porque todos te pueden aportar cosas diferentes. A partir de ahí intentaré construir mi propio camino y estilo.

Tuve grandes entrenadores ya desde mis primeros años en el Albacete. Personas de las que he aprendiendo detalles que ahora, con el paso de los años, me pueden ayudar a ir definiendo mi propia personalidad como técnico. Siempre he intentado tener una mirada amplia. No basta con quedarse en el Barça, o solo en el Barça, que es donde he desarrollado prácticamente toda mi carrera profesional, aunque es más que evidente que esos años me han dejado un poso muy especial. Ha calado mucho en mi mente a nivel de metodología y de juego. Son, en realidad, mis raíces, pero luego he ido descubriendo otros aspectos del fútbol, tanto en Japón como en Emiratos Árabes.

He aprendido de todas esas personas con las que me he cruzado en mi camino. A veces, incluso de forma inconsciente. Por eso resultan igual de valiosas o necesarias esas otras miradas. Es preciso mantener la mente abierta, no encerrarte en un solo aspecto. E intentas conseguir cualquier detalle que te puede interesar. Da igual que estés mejor con un entrenador que con otro. Eso no afecta a la hora de interpretar cada una de las situaciones que te permiten obtener una lección adecuada que te sirva más allá del momento en el que las vives.

* * *

El entrenador tiene que saber mucho. Y el saber no ocupa lugar. Debes ser un buen gestor, tener buena mano para todo y todos, caer bien y, obviamente, encontrar esa pizca de suerte que se necesita en todo momento para permanecer ahí arriba.

José Antonio

* * *

De todos aprendí. En Albacete, en Barcelona, en Kobe… En eso consiste la vida, en aprender e intentar rodearte de personas de confianza, cada una con la máxima capacitación para hacer su labor y comenzar a caminar. Y también trabajar en equipo.

Hay dos asuntos en los que pienso y me gustan, y creo que a la hora de abordar las relaciones humanas es de lo más complejo: una es la gestión de un grupo de jugadores, del *staff,* y la otra, trabajar en equipo. Son dos cosas que me gustan y me motivan. No sé si con el tiempo mantendré ese sentimiento. Pero la capacidad de tejer relaciones, ya sea con los futbolistas o con los miembros de tu propio club, eso me atrae mucho, y soy consciente, obviamente, de la complejidad que entraña. No es fácil, lo sé. Pero me gusta y me apasiona. Y toca formarse en esta dirección. Primero con tu propio pensamiento; luego, con lo que ves y escuchas de los demás.

Me encuentro inmerso en un período de aprendizaje, de formación y, sobre todo, de prestar atención a mucha gente. Después tendré que poner todo eso en práctica para ir trazando mi camino porque, casi con toda seguridad, me encontraré con personas con las que, a priori, pensaré que no puedo congeniar y luego, a la hora de la verdad, puede que no sea así. Es un ejercicio de ensayo y error, ensayo y error. Entonces, toca ir dibujando tu nueva ruta. Yo puedo creer en una persona, pero quizá ella no está cómoda trabajando conmigo, o no se encuentra a gusto en un entorno en el que hay otras cinco o seis personas más, o siente que yo pienso de una forma distinta a la suya…

Lo más importante es saber interrelacionarse. Es fundamental tener a tu alrededor a gente con mucho talento, formar tu propio equipo y sentir que todos estamos alineados en la misma dirección. Cada uno con su pensamiento y sabiendo que no hay mayor tesoro que la confianza recíproca: tú confías en ellos y ellos en ti. No creo que nadie elija a alguien para construir un grupo de trabajo si siente que no está capacitada para hacerlo o que no es buena persona. De inicio, todos creemos en eso, pero luego lo tenemos que demostrar en el día a día, donde la clave, como pasa en todos los ámbitos de la vida, es intentar equivocarse lo menos posible.

Considero primordial que haya un equilibrio entre todos los miembros de un equipo: el preparador físico no debe tener el mismo carácter que el analista, ni este, el de tu segundo entrenador. O cualquiera de los otros ayudantes. Es necesario encontrar la manera de fusionar adecuadamente todos esos talentos y esas personalidades en busca del objetivo común. Lo primero es la confianza y la lealtad, unido a la actitud, a partir de ahí toca generar un clima de trabajo que resulte positivo para nosotros y para los jugadores. La actitud, repito, es capital. Es lo que te hace avanzar en la conquista de las pequeñas cosas que, en realidad, son grandes.

La gestión no es únicamente táctica. Lo que todos debemos perseguir es que todo fluya, que esa energía positiva que nace de forma individual se multiplique después, que la gente esté feliz y entusiasmada con lo que hace para que esa conexión haga que las cosas funcionen con naturalidad. No es fácil, claro que no, pero ese es el desafío. La clave es tener las ideas y las cosas claras.

* * *

¿Que Andrés no tiene carácter? La gente piensa que para ser entrenador debes coger del pecho a un jugador, pegarle cuatro gritos, echarle una bronca o amenazarle. Pues, no. Puedes ganarte a los jugadores con una simple mirada o mostrando una actitud que los convenza de tu idea. Y Andrés, desde que era un niño en La Masía, siempre ha sido muy querido por todos.

Recuerdo que, al final de cada temporada, sus propios compañeros lo elegían como el mejor, y no solo por sus cualidades como jugador. Andrés siempre los trataba bien. Si yo fuera jugador, querría tener a un entrenador que sacara la mejor versión de mí sin necesidad de gritarme, chillarme o ponerme en evidencia delante de todos porque, si eso sucediera, sin duda, pensaría es en marcharme de ese equipo lo antes posible. Más bien querría a alguien que me cuidase y me mimase.

Es precisamente durante el tiempo de formación futbolística de los niños cuando los entrenadores deben empaparse del conocimiento de los demás y también construir su propio grupo de trabajo.

José Antonio

* * *

Es básico demostrar que tienes capacidad de confiar en las personas que te rodean. Es un reto apasionante trabajar con tu propio equipo, crearlo de la nada. Y ese reto lo trasladas luego al grupo de jugadores. En el fondo estamos volviendo a hablar de construir, de hacer algo similar a cuando llegué a La Masía, o como hice durante mis años en el Barça y en la Selección española. O también como cuando nos fuimos a Japón. Pero ahora la idea es hacerlo desde otro lugar, aunque siempre con la misma e idéntica pasión, la misma responsabilidad y, sobre todo, idéntico respeto por lo que estás construyendo. Y por cómo eres y a quién representas en todo momento.

Es algo realmente bonito porque cuentas con cinco o seis personas, o las que sean, unidas por una misma causa, compartiendo a la vez una misma convicción, manteniendo cada una su propio estilo personal. Todo esto es excitante. No solo hablo de fútbol, sino de la gestión de las personas. Y de la autogestión. Cada uno debe sentirse importante en su papel, respetando a los demás. En mi opinión es lo más difícil, pero si te gusta, es bonito.

* * *

Yo respeto todos los métodos de los entrenadores, pero el más importante es que sepas convencer a tu plantilla, que tu mensaje llegue a los jugadores y que seas capaz de sacar lo mejor de cada uno de ellos hasta lograr que se comporten como un auténtico equipo. Y eso debes trabajarlo todos los días. No basta con hacerlo bien al principio y luego vivir de las rentas. Andrés nunca ha sido de ese tipo de personas.

JOSÉ ANTONIO

* * *

No tengo prisa. Quiero formarme de la mejor forma posible, intentar crear ese equipo de trabajo unido bajo una misma visión, y haciéndolo de una manera natural, sin forzar nada ni presionar a nadie. Mi mayor deseo es que se construya de forma orgánica. A partir de ahí, también tocará evaluar adecuadamente todas las opciones, porque a nivel familiar somos muchos. Mis hijos Valeria o Paolo Andrea se están haciendo mayores, así que todo entrará en la balanza, y eso hará que la decisión que tomemos no será nada fácil. Depende de dónde quiera entrenar y, si tengo la posibilidad de cambiar de ciudad, deberé decidir si va toda la familia. No es como hace quince años, que me iba yo solo. Deberemos valorar todas las circunstancias cuando llegue el momento, y reconozco que ya estoy empezando a meditarlo.

* * *

Un entrenador tiene que ser un buen gestor de grupos y un buen psicólogo. Hay jugadores a los que llama «gandul» y les funciona como un estímulo para mejorar en su rendimiento; otros, en cambio, se pueden hundir. En función del carácter de cada persona, una misma palabra generará un impacto diferente.

José Antonio

* * *

A día de hoy veo el fútbol con otros ojos, pero siempre «estoy» en el campo, es decir, lo veo en directo y no solo a través del televisor o del ordenador. Cuando lo observas con tus propios ojos, puedes asimilar muchísima más información, porque captas todos los detalles. Pones la mirada en lo que tú percibes que es realmente importante. Yo prefiero analizarlo desde el propio terreno de juego, o durante un ejercicio, en el que puedes comprobar cómo se comporta un jugador ante el consejo que le has dado. En mi opinión, es mucho más valioso que fijarte en cómo se mueve la línea o en el comportamiento colectivo, aunque es obvio que debes tener una mirada panorámica. Y el equipo que te rodea también te ayuda a procesar todos los conceptos observados, analizados y aprendidos.

Yo solo no puedo. ¿Quién puede? Soy consciente de que necesito a muchas personas trabajando a mi lado de forma coral. Es necesario «construir» siempre con la ayuda de los demás, pero tratando de aportar tu experiencia, tu conocimiento, tu idea y tu plan de una forma clara. Desde luego que se intentará. Y si te equivocas, no pasa nada: siempre habrá otra oportunidad. Nadie nace sabiéndolo todo.

Sé que cuando sea entrenador se me mirará de forma especial y dirán: «A ver si el equipo de Iniesta juega ahora como lo hacía él». Creo, honestamente, que eso será imposible, porque todo tiene su momento, y es evidente que aquello no se podrá replicar. Al final, estamos hablando de personas. Los jugadores, y nunca podemos olvidarlo, son, ante todo, personas, y cada una es un mundo. Por lo tanto, debes tener una mirada muy amplia para empaparte de las nuevas tendencias, no solo tácticas, sino también en lo que se refiere a la gestión de grupos. Esto es tan importante que el propio balón, o incluso más en determinados momentos. Será una nueva etapa en todos los sentidos y tu cabeza estará en otro momento de «construcción». Como ya he dicho antes, no tengo referentes fijos porque necesariamente deberé absorber ideas y conceptos de cualquiera que tenga capacidad de aportar algo novedoso.

* * *

Cuando estás creando algo debes fijarte en todos y en todo. Puedes extraer lo mejor de cualquier persona y luego añadirlo a tu propio bagaje para conseguir el rendimiento adecuado de tu plantilla. Lo mismo sucede en tu relación con los jugadores. Nunca puedes hablarles a todos igual. Tienes que saber usar muy bien el lenguaje, los gestos, tus actitudes, tus decisiones…

José Antonio

* * *

En el fútbol está todo inventado desde hace muchos años. Lo importante es que puedas transmitir bien tu idea a ese grupo de jugadores, la conexión que puedas tener con ellos, la confianza que les aportas, tener la capacidad de alcanzar un sentimiento pleno entre ambas partes.

El fútbol de hoy está cada vez más igualado, por lo que aspectos que antes no resultaban tan importantes ahora sí lo son. Si se me pregunta en este momento por mi faceta de entrenador, antes tengo que superar una prueba. Cuando era niño y me preguntaban qué quería ser de mayor, lo tenía clarísimo: «Quiero jugar al fútbol en Primera División». Y no tenía ninguna duda de que podría conseguirlo. Estaba convencido porque era mi sueño y mi pasión. Pero como entrenador ya se verá, antes necesito formarme.

Estoy en un momento de mi vida en el que he encontrado otras formas de seguir vinculado al fútbol que me entusiasman y me motivan. Lo quiero probar y ver cómo suceden las cosas. Cuando esté de lleno en el «lío», la mentalidad y el foco se centrarán en superarlo todo, pero ahora, que me encuentro en el proceso de formación, no tengo esa seguridad. Me parece algo muy normal.

* * *

Andrés, ya desde niño, fue siempre muy valiente. Fue él quien tomó la decisión de irse a Barcelona. Mi relación con él va mucho más allá de la de un padre con un hijo.

José Antonio

* * *

A mí me ha penalizado no estar más tiempo con mi padre. Es algo que lo llevo dentro. No he podido verlo durante muchos años tanto como hubiera querido. A él no le gusta volar, y eso le impedía venir a Japón. Bueno, a Japón y a prácticamente todos los lugares para los que se necesitaba coger un avión. Fueron cinco largos años, y luego otro en Emiratos.

No poder verlo es duro. Y sé que también le afecta a él porque no puede venir a visitarnos ni a mí ni a sus nietos. Aunque le diga que estamos todos bien y se conforme sabiendo que vienen mi madre y mi hermana a estar con nosotros, no es lo mismo. ¡Cómo va a serlo! Al final, debes tomar las decisiones que crees, tanto a nivel familiar como profesional. Y él tiene el hándicap de no poder tomar un avión. Me encantaría que un día se presentase con mi madre y con mi hermana Maribel, con Juanmi, mi cuñado, y Dani, mi sobrino pequeño. Aun así, lo he sentido a mi lado en todo momento.

* * *

¿Qué si me afecta? No. Siempre he dicho que estando allí mi hija y mi mujer es como si yo también estuviera. No «he estado» tanto con él como quisiera, pero sí «he estado». No físicamente, pero hemos conectado en todo momento. Hablamos todos los días, tenemos mucha comunicación, tomamos decenas de decisiones entre los dos. Y siempre consensuadas. Nunca haré nada que él no permita o con lo que no se sienta a gusto. Tenemos ese vínculo especial que está muy por encima del típico de padre e hijo. Lo creamos desde el primer día y todavía continúa ahí, y con la misma fuerza y vigencia porque lo hemos sabido mantener ambos, sin crear ningún tipo de interferencias. Hemos sido consecuentes con cada una de las decisiones que hemos tomado a lo largo de todos estos años. Así fue cuando era jugador y así es ahora, cuando se encuentra en un período nuevo de su vida. Él sabe que me tiene a su lado, aunque no esté físicamente. Y, además, Andrés es muy fuerte. Siempre ha sabido lo que quería hacer.

JOSÉ ANTONIO

* * *

Nunca he tenido miedo a la hora de tomar una decisión. He podido sentir inseguridad cuando me he lesionado, pero eso es una acción, no un miedo a fallar un pase o a asumir responsabilidades importantes. Es como cuando te preguntan si cambiarías algo en tu vida de lo todo que has hecho. Pues bien, siento decir que esa no es la realidad. En la vida se toman decisiones, y una lleva a la otra. Si te sale regular, intentas superarte para reaccionar y cambiar esa sensación negativa. Todo lo que yo he decidido lo he hecho creyendo que era lo mejor. Si las decisiones eran menos acertadas, intentaba que algo de bueno tuvieran. Si eran buenas, intentaba que fueran mejores. Es el proceso de la vida. «Miedo» no es la palabra.

* * *

Hasta ahora, Andrés ha dedicado toda su vida a ser futbolista. Vivía solo para eso. Y a mí me parecía fenomenal porque necesitaba concentrar su energía en lo realmente importante. Ahora, solo «ha salido» del campo porque sigue manteniéndola intacta para llevar a cabo sus nuevos proyectos. Esa es su fuerza.

José Antonio

Epílogo

Así soy

Ahora pienso también en ti, que tienes este libro entre tus manos. A través de este relato he querido transmitirte mis vivencias, mis inquietudes, mis alegrías y también mis miedos. En definitiva, mi VIDA como jugador de fútbol profesional, y también como persona. Porque más allá del fútbol y de lo que has visto estos años en los terrenos de juego existe la persona, y esa es la que realmente importa.

Lo vuelvo a decir, no pretendo ser ejemplo para nadie. Tan solo he querido mostrarte un poquito de mi infancia, de mi pueblo, de Fuentealbilla, donde me sentía —y me sigo sintiendo— el hombre más feliz del mundo, jugando al fútbol día y noche, intentando que no se acabaran nunca las horas con la pelota. Recuerdo a mi madre llamándome para que volviese a casa.

También te he hecho compañero de mi adolescencia, marcada por unos horarios y compromisos, un poco distinta a la que muchos han vivido. Estaba en Barcelona, a kilómetros de mi familia, en La Masía, donde jamás me faltó nada. Era mi casa, sí, pero no mi hogar. Echaba mucho de menos a los míos, pero esa era mi vida y mi realidad.

He querido que sepas lo que sentí con la depresión. Resultó ser un viaje complicado, pero me ayudó a encontrar una mejor versión de mí.

También he compartido contigo la difícil decisión de irme del Barça, de Barcelona, de mi casa, para explorar un lugar nuevo y desconocido.

En realidad, hemos repasado todos los aprendizajes y vivencias que he acumulado en este viaje vital que me ha llevado a ser la persona que soy a día de hoy. Me siento un privilegiado y muy agradecido de poder contarla y escribirla.

Deseo que, leyéndolo, pueda servirte de guía en tus sueños.

P. D.: Nunca dejes de creer en ti. Ten siempre ilusiones, metas. No te olvides de tus sueños y persíguelos sin descanso. Sé constante y no dejes de creer en ellos. Es verdad que no siempre todos se cumplen, pero el camino recorrido, el esfuerzo, la perseverancia y el no rendirse jamás te hace siempre crecer y tener ganas de ser mejor.

Agradecimientos

A mis padres y a mi hermana, por esos momentos impagables, por estar siempre en las situaciones más importantes de nuestra historia. Y por enseñarme los caminos correctos para poder recorrerlos y hacerlo con seguridad y respeto, siempre a mi lado en todos los momentos. Es un orgullo inmenso, es lo que siento cuando miro atrás y me emociono al ver todo lo vivido y cómo lo hemos hecho. Siento, además, que en mi persona se encuentran cada uno de los valores que me habéis inculcado desde niño. A mí y a mi hermana, que siempre ha estado muy presente, cuidando de todos. Una hermana única, con mucho valor porque, como dice en estas páginas, no piensa en cuando no pudimos estar juntos al principio, sino en todos los momentos que compartimos y disfrutamos ahora. ¡Qué gran verdad! Además, ahora también están Juanmi y el pequeño Dani, que se ha sumado a la lista de nuestra familia para que podamos seguir disfrutándola juntos. ¡Sois los mejores!

A Raúl, que ha estado conmigo desde niño hasta el día de hoy. Cuántas horas y horas trabajando sin descanso para que todo fuera como la seda. ¡Cuánto he aprendido a tu lado sobre mi cuerpo y mi persona! ¡Gracias!

A Inma, por ser aquella luz que yo veía, muy lejos, desde el otro lado del túnel. Muy lejos al principio, pero después, poco a poco, me fui acercando hasta verme iluminado totalmente. Y a tu lado. ¡Gracias!

A Toña, por tu generosidad al compartir toda tu sabiduría y acompañarme durante tantos y tantos años. Por tener siempre a punto esas pautas de alimentación para aquel chaval inquieto que se cruzó en tu camino, que no paraba de preguntarte cosas, ansioso por querer saber más y mejorar cada día. ¡Gracias!

A Marian, por haberme aportado la serenidad y la confianza necesarios en los procesos por los que he transitado, y estar siempre a nuestro lado para acompañarnos. ¡Gracias!

También quiero dar las gracias a los doctores Navarro y Bruguera, aquellas primeras personas que empezaron a darme las herramientas necesarias para mejorar.

A Marcos, por esa frase que siempre me dices: «Después de tantos años, siempre me sorprendes con algo nuevo». Eres muy grande, amigo. Gracias por tu dedicación, esfuerzo y cariño.

Y miles de gracias a Anna. ¡Infinitas gracias! Contigo lo mejor siempre está por llegar y así ha sido durante todos estos años. Sentirte cerca en cada paso y en cada momento me hace sentirme especial. Construir y disfrutar de nuestra familia es lo más maravilloso que existe. Para mí también eres un ejemplo como persona, a la que admiro y respeto, porque esta es la base de nuestra vida.

Gracias por guiarnos a todos nosotros, en especial a nuestros peques, que crecen con el mejor ejemplo posible, y yo puedo acompañarlos a tu lado y a su lado. Me quedaría corto si quisiera expresar en unas líneas todo lo que significas para mí. Gracias Inmensas.

ravapaso

Y, por último, quiero mostrar mi agradecimiento especial a todas aquellas personas que habéis estado a mi lado, de manera directa o indirecta, en muchos momentos de mi vida y en cualquier ámbito profesional o personal.